RAPPORT

SUR

UNE MISSION SCIENTIFIQUE EN TRIPOLITAINE

PAR

M. H. MÉHIER DE MATHUISIEULX

(Extrait des *Nouvelles Archives des Missions scientifiques*, t. XII)

PARIS

IMPRIMERIE NATIONALE

MDCCCCIV

RAPPORT

SUR

UNE MISSION SCIENTIFIQUE

EN TRIPOLITAINE

RAPPORT

SUR

UNE MISSION SCIENTIFIQUE
EN TRIPOLITAINE

PAR

M. H. MÉHIER DE MATHUISIEULX

(Extrait des *Nouvelles Archives des Missions scientifiques*, t. XII)

PARIS

IMPRIMERIE NATIONALE

MDCCCCIV

RAPPORT
SUR
UNE MISSION SCIENTIFIQUE
EN TRIPOLITAINE.

Monsieur le Ministre,

J'ai l'honneur de vous adresser le présent rapport sur la deuxième mission archéologique dont vous m'avez chargé dans la Tripolitaine proprement dite, pendant l'année 1903.

Grâce à l'influence de M. Lacau, consul général de France à Tripoli de Barbarie, les autorités turques m'ont autorisé à visiter le vilayet à peu près partout où j'avais projeté de rechercher les antiquités inconnues de ce pays. Sans ce représentant français, dont l'influence est prépondérante à Tripoli, la mission n'aurait certainement pas été couronnée du même succès et je n'aurais pas pu m'avancer jusqu'aux confins administratifs de Rhadamès et du Fezzan, parcourant ainsi 1,600 kilomètres d'un itinéraire à peu près nouveau partout.

Selon le mandat qui m'était officiellement confié, j'ai principalement dirigé mes études sur les vestiges des colonisations phénicienne et romaine. Mais j'ai cru devoir profiter de la faveur exceptionnelle, qui m'avait été consentie par la Sublime Porte, pour recueillir aussi des renseignements anthropométriques, météorologogiques, géographiques, géologiques, entomologiques et économiques sur cette région dont la science ne possédait aucune documentation précise. Ce rapport comprend donc [1] :

PREMIÈRE PARTIE.

ARCHÉOLOGIE.

Les ruines de Sabratha maritime et de Sabratha intérieure. – La route romaine de Tacapé (Gabès) à Leptis Magna (Lebda). – Les ruines de la

[1] Le rapport comprenait en outre : des mensurations et des photographies anthropométriques exécutées pour la première fois sur des nègres du Ouadaï et une liste d'insectes étudiés par M. François, professeur à la Sorbonne. (Voir *Bulletin de la Société Entomologique*, 1903, n° 17.)

ville et des deux nécropoles de Ghirza. – Les ruines des castella et des tombeaux du Nefed et du Merdoum, du Soffedjin et du Taorgha. – Les vestiges de l'ancien port grec de Cynips.

DEUXIÈME PARTIE.

MÉTÉOROLOGIE.

Observations prises en cours de route, dans l'intérieur tripolitain, et appuyées par celles d'instruments *témoins*, à Tripoli de Barbarie.

TROISIÈME PARTIE.

GÉOGRAPHIE.

Le littoral entre la grande et la petite Syrte. – La Djeffara, ou zone de déserts entre le littoral et le Djebel. – La grande falaise tripolitaine ou bordure déchiquetée des hauts plateaux qui séparent la Djeffara des déserts de la Hamâda. – Les hauts plateaux. – La région orientale du vilayet, striée par les ravins des ouadi (fleuves) Soffedjin, Zenzem, Nefed, etc., et par la lagune desséchée de Taorgha.

QUATRIÈME PARTIE.

GÉOLOGIE.

Coupes géologiques de la grande falaise tripolitaine et des ravins des ouadi Soffedjin, etc., avec échantillons. L'étude minéralogique, d'après ces échantillons et ces coupes, a été faite par M. Stanislas Meunier. M. Vélain a condensé ces documents et rédigé les résultats qu'ils fournissent.

CINQUIÈME PARTIE.

SITUATION ÉCONOMIQUE ET COMMERCIALE.

Divisions administratives et fonctionnaires. – Les Arabes et les Berbères de l'intérieur. L'administration et les impôts. – L'armée d'occupation et son rôle. – Trafic européen de Tripoli. – Trafic transsaharien, ses routes et ses caravanes.

ITINÉRAIRE DE LA MISSION.

Je crois devoir indiquer préalablement l'itinéraire général de la mission. De Tripoli, il contourne le vilayet pour revenir au point de départ, après plusieurs pointes à l'extérieur et à l'intérieur du tracé fermé, par lesquelles il se trouve rattaché à mes itinéraires précédents et à ceux de mes devanciers. (Voir pl. V.)

Je me suis d'abord dirigé vers l'Ouest, le long du littoral, jusqu'à Sabratha. (Le reste de la côte jusqu'à la frontière tunisienne avait été relevé par ma première mission, en 1901.)

Après l'examen des ruines phénico-romaines de Sabratha, j'ai gagné la grande falaise tripolitaine, en marchant vers le Sud, à travers les plaines désertiques de la Djeffara. Cette falaise a été atteinte à l'oasis de Cheikchouk, au bas de Fossato (Djado); puis j'en ai suivi la base jusqu'à la grande échancrure de Nalout, près de la frontière tunisienne, ce qui m'a permis de retrouver l'emplacement de la Sabratha intérieure de Ptolémée. Revenant à Fossato par les hauts plateaux, j'ai découvert les ruines de diverses bourgades romaines, qui faisaient partie des lieux d'étapes indiqués dans l'itinéraire d'Antonin; du moins je crois en fournir les preuves dans le présent rapport. Avant de gagner les régions intérieures du Soffedjin, du Zenzem, du Nefed et du Merdoum, où, les indigènes me signalaient une grande abondance de ruines, j'ai continué à suivre la bordure septentrionale des hauts-plateaux jusqu'à Kikla et Rabta, de manière à me relier à mes précédents itinéraires de Gariana et du Tarhouna.

De Kikla et de Rabta: marche vers le Sud jusqu'à Mizda, puis vers l'Est, le long du ouadi Soffedjin jusqu'au méridien d'Orfella; examen de la région d'Orfella; nouvelle marche vers le Sud jusqu'au ouadi Zemzem dont un petit tributaire possède sur ses berges les admirables nécropoles de Ghirza; tentative inutile pour pousser plus avant, dans la direction de Sokna, de même que j'avais échoué à Nalout en cherchant à gagner Rhadamès. Pour joindre ces deux points, l'autorisation locale du vali ne suffit pas; il m'aurait fallu un *iradé* spécial du sultan.

Retour à la côte, vers le Nord, à Misrata, en parcourant la partie des vallées du Zemzem, du Nefed, du Merdoum, et de la région de Taorgha, où l'on me signalait des antiquités.

Je rentre à Tripoli, en suivant le littoral depuis Misrata, par Zlitten et Khoms, ce qui me permet de rapporter le premier croquis des ruines de Cynips et de revoir Leptis Magna, déjà étudiée dans mon précédent voyage.

PREMIÈRE PARTIE.

ARCHÉOLOGIE.

RUINES DE SABRATHA MARITIME.

Des trois ports phénico-romains qui ont valu à la région d'entre les Syrtes le nom de Tripolitaine, Sabratha restait le seul sur lequel nous ne possédions aucun document précis : les deux autres sont connus autant que cela est possible à l'époque présente où il est interdit d'entreprendre les moindres fouilles[1].

J'avais déjà passé à Sabratha, deux années auparavant, mais alors je n'y avais pu séjourner que quelques heures, par un temps affreux, ce qui empêchait le relevé de documents graphiques et photographiques, c'est-à-dire de ceux que je poursuis avant tout, parce qu'ils sont les plus utiles aux savants qui se serviront de ce rapport.

Je résolus donc, cette fois, de recueillir les renseignements, de dresser un croquis et de prendre des clichés, autant que le dédale informe de ces vestiges le permet. C'était d'autant plus désirable que Barth et Fresnel, les deux seuls Européens qui y soient passés avant moi, n'ont rapporté qu'une courte et vague description.

Noms phéniciens, grecs et latins de Sabratha. — Ce port, dont les vestiges sont aujourd'hui isolés dans la partie la plus déserte du littoral, à 85 kilomètres Ouest de Tripoli, porte divers noms dans les documents anciens, suivant que ceux-ci proviennent des Phéniciens, des Grecs ou des Latins. Les médailles puniques le désignent sous l'appellation de *Sabrat*[2]. Les auteurs grecs préféraient une forme qui se rapprochait davantage de leur langue et de leur écriture : c'est ainsi que le périple de Scylax et Strabon emploient l'orthographe *Abrotonon ;* les tables de Peuttinger, celle de *Pontos*

[1] *Oea*, sur l'emplacement de la moderne Tripoli de Barbarie, ne possède qu'un arc de triomphe. Quant à Leptis Magna, j'en ai donné le premier plan et les premières photographies dans le rapport de ma mission de 1901. Voir *Archiv. des Missions scientifiques*, t. X.

[2] Voir Movers, *Die Phœniz.* II, p. 491.

Sabrata; Ptolémée et le Stadiasme, celle de *Sabratha*. Quant aux Latins, ils se sont servis de l'expression *Abrotunum* (Pline) et *Sabrata Colonia* (itinéraire d'Antonin).

Nous savons que les premiers possesseurs de Sabratha furent les Phéniciens. Étienne de Byzance, qui lui garde le nom d'Abrotonon, dit que c'était une ville libi-phénicienne [1]. Le mot *Sabrat*, qui signifie « marché de froment » en langue punique (שברתיו. Voir Tissot, t. II, p. 211), ne doit pas suggérer l'idée que cet emporium était un embarcadère pour l'exportation des céréales tripolitaines en Europe ou en Asie Mineure. L'étude à laquelle notre mission s'est livrée sur l'ensemble des vestiges de colonisation ancienne dans cette région prouverait au contraire que l'agriculture n'a jamais suffi qu'à nourrir avec peine les population indigènes et les colons. De sorte qu'il faudrait plutôt voir dans le mot Sabrat l'indication d'un port où les Phéniciens importaient les blés de la Grande-Grèce, qu'ils échangeaient contre l'ivoire, l'or, les plumes d'autruches et autres produits précieux, apportés là par les caravanes des Garamantes.

Emplacement de Sabratha. — L'emplacement de Sabratha, sur une côte inhospitalière, sans le moindre abri naturel, ne s'explique que par la nécessité d'avoir un débouché plus direct qu'Oea et Leptis pour communiquer avec Rhadamès (Cydamus). On ne saurait lui attribuer l'emploi de centre agricole de la région littorale des oasis puisqu'il se trouve à l'extrémité occidentale de celle-ci. On ne saurait davantage y voir un centre industriel de l'exploitation des salines de Zarzis dont il se trouve très éloigné. Le choix d'un emplacement aussi défavorable s'explique au contraire, si l'on considère qu'il est juste au Nord de la grande échancrure de Fossato par laquelle passait — et passe encore aujourd'hui — la route du littoral à Rhadamès, pour grimper des plaines de la Djeffara aux hauts plateaux du Djebel Nefoussa. Je crois avoir trouvé une preuve matérielle de cette hypothèse en découvrant les traces d'une Sabratha

[1] Movers et Muller ont réfuté victorieusement les objections de ceux qui voyaient en Abrotonon et Sabratha deux ports différents. D'ailleurs Scylax mentionne deux journées de navigation, de 500 à 550 stades chacune, entre *Leptis* et *Sabratha*, ce qui correspond bien aux 160 kilomètres que nous comptons entre les deux sites, en dehors desquels *il n'y a pas d'autres vestiges importants sur toute la côte*, que nous avons suivie dans tout son développement.

intérieure, que Ptolémée distingue de la Sabratha maritime et qui aurait été la sentinelle avancée du grand port sur la route de Rhadamès.

Sabratha, dont l'étendue était considérable, se trouvait à cheval sur un cordon de dunes, près d'une oasis qui porte encore aujourd'hui le nom de Sabria. Si elle était dans l'impossibilité de fournir des céréales à l'étranger, sa situation agricole n'en devait pas moins être relativement prospère à en juger par la fertilité actuelle du district voisin (Abou-Adjila).

D'après les tables de Peuttinger, deux routes conduisaient de Oea à Sabratha : la première suivait le littoral, de l'Est à l'Ouest, par Assaria (Zenzour); la seconde décrivait un détour dans l'intérieur par Vax (?).

Période punique. — Nous savons très peu de chose sur l'histoire de Sabratha. De la période punique nous ne connaissons qu'un document écrit, celui de Silius Italicus et encore il ne nous apprend qu'une chose, c'est que les premiers habitants étrangers de cette localité furent des Tyriens. Cette assertion se trouve confirmée par les inscriptions de certaines monnaies (voir Gésénius, *Monumenta Phœnicia*. Tabl. 43, xxv) et par les fondations de certaines murailles de la ville, surtout celles dont on relève la trace au Nord et Nord-Ouest de l'amphithéâtre.

Période romaine. — D'abord municipe romain, Sabratha fut élevée au rang de Colonie par Septime Sévère. La femme de Vespasien, Flavia Domitilla, mère de Titus et de Domitien, naquit dans cette ville, ce qui lui valut vraisemblablement les faveurs de la métropole, à cette date[1]. Justinien s'y intéressa encore plus particulièrement; en 548, il restaura les fortifications[2] et éleva un temple magnifique[3]. C'est probablement aussi de cette époque que date l'amphithéâtre. Le même empereur releva les murailles de Leptis Magna, détruites par les Vandales[4].

Période médiévale. — Tous les auteurs arabes du moyen âge

(1) Suétone, *Vespasiani.*, 3.

(2) Procope, *De Aedif.*, vi, 4, lui attribue à tort leur fondation première.

(3) *Ibid.* : Οὗ δὴ καὶ λογου ἀξίας πολλοῦ ἐκκλησιαν ἐδειματο.

(4) H. de Mathuisieulx, *Rapport archéologique de la mission de 1901 en Tripolitaine.* (*Archiv. des Miss. Scient.*, tome X.)

citent le nom de Sabratha[1]. Quelques uns nous montrent le port comme une escale de moins en moins fréquentée par les marins européens. Ce sont les Arabes eux-mêmes qui portèrent la première atteinte à la prospérité de la ville en transportant à Oea (Tripoli moderne) le centre administratif qui se trouvait d'abord ici.

Edrissi nous apprend que Sabratha était le chef-lieu de la tribu des Zouagha, qui sont les Zâauâkes d'Hérodote et les Arzuges d'Orose. El Tijani visita les ruines au XIVe siècle et y vit deux énormes colonnes de marbre d'un travail admirable, très élevées et rapprochées l'une de l'autre[2]. A ce moment là, le port était à jamais détruit. Il semble probable que sa déchéance se soit effectuée progressivement jusqu'à l'extinction complète. Depuis longtemps déjà, il n'avait plus d'importance, puisque El-Bekri parle du district sans mentionner la ville (VIIe siècle). En tous cas, Vivien de Saint-Martin estime qu'au XIe siècle elle n'était déjà plus habitée[3]. Il ne sera pas inutile de rappeler ici ce qu'en dit Barth[4] « Je ne puis indiquer avec certitude à quelle époque et par qui cette destruction fut effectuée. J'ai d'abord cru pouvoir l'attribuer à la prêtresse berbère Kahénah, dont j'ai parlé à propos de l'amphithéâtre de Thysdrus et en adoptant l'opinion d'après laquelle cette femme aurait intentionnellement fait détruire toutes les villes de la région. Mais alors les Arabes n'auraient pas trouvé dans Sabratha une ville peuplée. Nous ne devons pas non plus attribuer la destruction aux Arabes, du moins dans les premiers temps de leur conquête, puisque la ville fut « prise par surprise, sans grande résistance, bien qu'en excellent état de défense » (DE SLANE, *Nouveau Journal asiatique*, 1844, II, p. 347). Il ne faut donc accorder aucun crédit au récit de Leon (Hasan ben Mohammed) lequel, se fiant à ses sources habituelles (Ibn-el-Raschisch), affirme que la ville fut « prise par les Arabes après une résistance vigoureuse et un siège de six mois, puis détruite. » J'ai cité ce texte en entier parce que l'ouvrage duquel il est tiré se trouve assez difficilement.

Topologie. — Actuellement Sabratha ne possède d'autres ruines

(1) Edrissi, El Tijani, Ahmed Ibn Yacoub, Al-Hakem, El Bekri, etc.

(2) La Primaudais, p. 148.

(3) VIVIEN DE SAINT-MARTIN. *Réfutation de Krafft*, brochure.

(4) *Wanderungen durch die Küstenländer des Mittelmeeres* (Berlin, 1849), p. 276 et suiv.

debout que des murailles, un amphithéâtre et deux clefs de voûte. Le reste consiste en traces de murs et de dallages, au ras du sol, mêlés à des débris de pierres de taille, de fûts de colonnes, d'entablements, etc., amoncelés pêle-mêle sur une étendue de 3 kilomètres le long de la plage et sur une largeur de 400 à 500 mètres. Le littoral ne dessine qu'une échancrure à peine sensible, où il serait impossible de trouver un abri naturel. La ville s'élevait sur le cordon de dunes, hautes de 10 mètres environ, qui sépare la plage des plaines de la Djeffara. A en juger par les traces de ce que Barth croyait être les remparts, Sabratha contenait de vastes espaces vides, destinés aux tribus de l'intérieur qui venaient y abriter leurs campements, durant l'époque des *Marchés*. Mais il m'a semblé que ces traces sont trop frustes et trop interrompues pour y reconnaître des remparts plutôt que des constructions quelconques.

Ce qui est certain, c'est que la ville a été très importante, comme le prouvent les débris grandioses des constructions, les entablements extraordinairement massifs et nombreux. les fûts de colonnes gigantesques, les restes de quais, les murailles de ce que nous croyons être la citadelle, enfin l'amphithéâtre.

Malheureusement l'examen auquel nous nous sommes livrés sans pouvoir faire aucune fouille ne fournit guère de détails précis. Les seuls vestiges apparents sont les suivants :

Sur le rivage. — Ces vestiges consistent en murailles fort belles, qui dominent la plage et s'étayent aux dunes, suivant une ligne brisée régulièrement. Leur hauteur actuelle dépasse 8 mètres, et la construction est généralement en pierres de taille. Cependant la partie supérieure montre de massifs moellons. Un de ces blocs s'est détaché et gît sur le sable de la plage; ce débris affecte la forme d'une chambre cubique de 2 mètres de côté.

A l'extrémité occidentale de la plage s'étalent des dallages énormes et des fondations où il est aisé de distinguer des quais. C'est dans leur voisinage que j'ai relevé l'inscription de mon précédent rapport. Une lecture nouvelle me permet de donner les lignes 10 et 11 que j'avais mal reproduites[1]. La voici :

L · AEMILI · MVCIANI · ET
L · AEMILI · AVGVRINI

[1] Voir mon rapport de 1901, *Extrait des Archiv. des Missions scientif.* Imprimerie nationale, p. 34.

Sur les dunes. — Sur les dunes, où se trouve le dédale des traces à fleur de sol, deux seules petites clefs de voûte restent droites. Elles mesurent à peine 2 mètres de largeur et je crois qu'il ne faut pas y voir autre chose que des entrées d'habitations ordinaires.

L'amphithéâtre, situé à l'extrémité orientale de la ville, constitue le vestige le plus important. Assez bien conservé, il laisse voir presque tous ses gradins, ses petits escaliers et les vomitoria. L'arène mesure 45 mètres de diamètre. Les gradins, au nombre de douze[1], ont 0 m. 80 de hauteur et font un étagement total de plus de 10 mètres.

Des amas de fûts de colonnes et d'ornementations diverses, toutes brisées, gisent çà et là sur le versant septentrional des dunes. Les fûts sont en marbre cipolin, de 0 m. 80 de diamètre; plusieurs de ces tronçons dépassent 4 mètres de longueur. D'immenses entablements en marbre blanc mesurent 2 et 3 mètres de côté; les ornementations y sont si frustes qu'on peut à peine les constater. A ce propos, il y a lieu de noter que les vestiges de Sabratha se caractérisent par une détérioration complète de la surface des matériaux. Les pierres y sont réduites à l'apparence d'éponges où l'on ne peut plus distinguer que la forme générale. Il est donc relativement heureux que l'interdiction d'opérer des fouilles ménage les vestiges restés enfouis. Ceux-ci apparaîtront, au moment des fouilles futures, dans un bel état de conservation, à en juger par le socle de l'inscription dont j'ai parlé plus haut, qui a été exhumé récemment par hasard et qui semble aussi neuf qu'une sculpture toute nouvelle.

La Rade. — Le *Stadiasmus maris magni* (voir Barth, *Wanderungen*, etc.) nous avait déjà appris que Sabratha ne possédait pas un abri naturel. J'y ai reconnu des digues qui devaient constituer le port, ou plutôt la rade. Ces vestiges, émergeant à peine et réduits à un chapelet de tronçons, s'étendaient probablement jadis sur toute la longueur de la ville, formant un étroit bassin maritime, de l'Est à l'Ouest. Entre ces digues et la plage, le fond de l'eau est jonché de pierres de taille en désordre.

Plaine intérieure. — Dans cette plaine, où se dresse une

[1] Barth compte cinq gradins seulement.

mosquée abandonnée, il ne subsiste que des emplacements vides, des terre-pleins où peut-être s'élevait le forum (ou quelque autre monument considérable). C'est du moins ce que donnent à présumer les trous réguliers et innombrables de certains blocs.

Un indigène m'a parlé, depuis mon passage à Sabratha, d'un étroit canal souterrain qui arriverait de l'intérieur, perpendiculairement au littoral, et se perdrait dans l'amoncellement des ruines. Je ne l'ai pas vu. D'après la même source de renseignements, la voûte de ce canal aurait disparu et le canal à jour serait revêtu d'un ciment imperméable d'où les eaux de pluies actuelles ne disparaîtraient que par évaporation. Ce canal aurait-il été un aqueduc souterrain pour amener au port les eaux de la montagne, ou tout au moins celles des bas-fonds de la Djeffara?

J'ai vainement cherché des vestiges de statues. Il ne reste pas la moindre trace de celles dont parle Barth. Pas d'autre inscription non plus que celle que j'ai mentionnée.

SABRATHA INTÉRIEURE.

A 100 kilomètres de la mer, au pied de la grande falaise tripolitaine qui court parallèlement au littoral et qui se dresse en accore sur les déserts de la Djeffara, se trouvent des ruines sur lesquelles je crois devoir appeler tout spécialement l'attention des archéologues. (Voir Pl. V, l'emplacement géographique de ces ruines.) Elles sont situées sur le sillon du ouadi Raddou, à 6 kilomètres de Djoch. Construites en petites pierres carrées, elles ne présenteraient d'autre intérêt que de déterminer une bourgade romaine peu considérable, car il n'en subsiste que des traces informes. Mais elles portent encore aujourd'hui le nom de *Sabria*, tout comme la Sabratha maritime, nom essentiellement unique dans la contrée.

Ce qui mérite l'attention, c'est d'abord qu'il n'existe aucune autre trace de bourgade romaine dans la Djeffara. Or Ptolémée distingue une Sabratha intérieure de la Sabratha maritime. Que pouvait être cette Sabratha intérieure, sinon un caravansérail voisin du grand port, sur la route la plus fréquentée, celle de Rhadamès, à proximité des débouchés naturels du Djebel? Rien que l'emplacement de ces vestiges uniques de la Djeffara nous laisserait croire que là se trouvait la deuxième Sabratha de Ptolémée. Mais combien plus fortes deviennent les présomptions, lorsqu'on y découvre la similitude de nom, d'un nom d'origine phénicienne que l'on ne constate nulle part ailleurs. C'est donc à tort, selon nous, qu'on a taxé d'erreur Ptolémée lorsqu'il distinguait deux Sabratha, et nous pensons qu'il faut voir dans les ruines des environs de Djoch l'emplacement d'une Sabratha intérieure.

ROUTE DE TACAPÉ À LEPTIS MAGNA[1].

Ici, nous touchons à une grave question historique. Par les itinéraires d'Antonin et par les Tables de Peuttinger, nous savons qu'une route romaine, jonchée de bourgades, conduisait de *Tacape* (Gabès) *à Leptis Magna* (Lebda. Khoms).

On a tant bien que mal identifié la partie de cette route qui se déroule en territoire tunisien, mais toute notion s'arrête à la frontière tripolitaine, et cela par la raison bien simple que personne ne l'avait suivie avant nous.

Par où passait cette route à partir de la frontière tunisienne?

D'aucuns ont cru retrouver les lieux d'étape sur un parcours qui atteignait Rhadamès, ou qui suivait le ouadi Soffedjin. Mais, outre que le nom de Rhadamès (*Cydamus*) n'est cité nulle part dans les documents de cette route (et cette ville était de beaucoup la plus importante de toute la région), la distance totale se trouverait ainsi supérieure au triple, et même au quadruple de celle indiquée par l'itinéraire d'Antonin. Et d'autre part, quel intérêt les Romains auraient-ils trouvé à édifier des castella et des bourgades bien au delà de la région où l'on ne trouve aucune trace de leur colonisation? Quelques vestiges, il est vrai, se rencontrent au Sud de la bordure septentrionale des plateaux (appelée *Djebel Nefoussa*), mais ils sont échelonnés en ligne perpendiculaire à la côte de Tripoli et servaient indubitablement d'étape aux voies de pénétration vers le Fezzan, c'est-à-dire vers le pays des Garamantes. Toute l'étendue intermédiaire, à part la contrée orientale dont nous aurons à parler ultérieurement (Ghirza, Nefed, Merdoum), toute l'étendue intermédiaire entre le Nefoussa et le Fezzan ne porte aucune autre trace d'échelonnement parallèle à la côte. C'est encore aujourd'hui un pays absolument désert.

[1] Voir Pl. V.

Il est également impossible que cette route de *Tacape* à *Leptis* passât par la Djeffara : d'abord on n'y rencontre aucune autre trace de bourgades que celle de Djoch (Sabratha intérieure). Ensuite, nous demanderons encore ici quel intérêt les Romains auraient trouvé à échelonner leurs postes et leurs fermes dans des déserts absolument stériles ?

Force nous est de renoncer aussi à l'hypothèse qui placerait la série de ces étapes dans la zone déchiquetée qui sert de bordure septentrionale aux vastes plateaux du Djebel [1]. Il y a là, depuis la frontière tunisienne jusqu'à Gariana, un dédale de vallées profondes et de ravins abrupts, qui évident la bordure du plateau sur une largeur moyenne de 15 kilomètres et qui sont dus au travail séculaire des eaux. Les Berbères du moyen âge y ont construit d'imprenables citadelles sur des éperons tellement hauts et à pic que cette zone, sorte de bordure vermoulue de la grande table intérieure, ressemble vraiment à des montagnes. Ces Berbères avaient à se défendre contre les envahisseurs qui tentaient, vainement d'ailleurs, de les surprendre par le Nord. La domination turque n'a pu pénétrer jusqu'au Djebel que dans le milieu du XIXe siècle, et les Ottomans de nos jours ont bien été forcés d'établir aussi là leurs centres administratifs, puisque les populations berbères s'y étaient groupées. Mais qu'avaient à faire les Romains d'une route transversale qui aurait affronté constamment des gorges de 300 mètres de profondeur, où les plus gigantesques travaux d'art auraient été indispensables ?

En présence de ces diverses négations, il ne reste pour la route de *Tacape* à *Leptis* qu'un seul tracé logique, celui qui court sur les hauts plateaux du Nefoussa, au Sud de la zone déchiquetée, en rasant de très près cette zone, de manière à abréger le plus possible les distances. C'est là que j'ai cherché cette route et que je crois l'avoir trouvée.

Fort des arguments précédents, j'ai suivi le Nefoussa, à la naissance des vallées septentrionales, depuis Nalout jusqu'au massif de Gariana. Je crois utile de reproduire ici, afin d'éclairer mon hypothèse, ce que nous apprend l'itinéraire d'Antonin.

[1] Les renseignements recueillis par Tissot, d'après Duveyrier, sur la prétendue existence d'une foule de *Kasr romains* dans la zone déchiquetée, sont entièrement faux. Je n'ai vu nulle part le moindre vestige. Les indigènes confondaient les constructions romaines avec les ruines berbères.

ITINÉRAIRE D'ANTONIN.

Iter quod limitem Tripolitanum per Turrem Tamelleni a Tacapis Lepti Magna ducit.

De Telmin à Lebda.		MILLES.
A Tacapis ad Aquas.	de Gabès à El-Hamma..	DCV (*sic*)
Agariabas........	Bordj Tamra.........	XVIII
Turre Tamalleni...	Telmin.............	XXX
Ad Templum.....	Kébili.............	XII
Bezereos.........	Henchir El Asnam....	XXX
Ausilimdi.......	....	XXXII
Agma...........	Zarat.............	XXX
Auzemni	Ksar Koutin.........	XXX
Tabalati.........	Tialet(?)..........	XXX
Thebelami.......	....	XXV
Tilibari.........	....	XX
Ad Amadum.....	....	XXX
Tabuinati........	....	XXV
Thramusdusim....	....	XXV
Thamascaltin.....	....	XXX
Thenteos........	....	XXX
Auru...........	....	XXX
Vinaza.........	....	XXXV
Talalati.........	....	XVI
Thenadassa......	....	XXVI
Mesphe.........	....	XXX
Lepti Magna......	....	XL

Si nous avons préalablement calculé sur une carte générale de la Tripolitaine la longueur que devait avoir le tracé proposé, et que nous le rapportions aux distances de l'itinéraire d'Antonin, à partir de Leptis, c'est-à-dire à rebours de cette liste, nous voyons que la route devait entrer en Tripolitaine vers l'étape de Tabuinati ou celle de Ad Amadum. Donc les étapes de la région où je me trouve actuellement seraient Thramusdusim, Thamascaltin, Thenteos, Auru, Vinaza, Talalati, Thendassa et Mesphe.

Le nom de Thenteos saute aux yeux? On sait que le *Th* lybien correspondait au *Th* moderne des Anglais et qu'il fallait prononcer Zenteos. Or, précisément entre Yffren et Djado, sur le tracé préconisé, se trouve un centre important qui porte aujourd'hui le nom de Zentan. Si mon hypothèse est vraie, je devais trouver dans le district de Zentan, à la naissance des vallées septentrionales du Djebel, les traces de l'emplacement d'une des étapes de l'itinéraire.

Or, le dimanche 26 avril, j'eus la joie de découvrir cet emplacement, là où seul il pouvait être. Les ruines consistaient en vestiges d'une bourgade et de castella que je décrirai ultérieurement.

C'était donc un premier repère déterminé. Me reportant à l'itinéraire d'Antonin, je devais trouver un autre vestige à 45 kilomètres à l'Ouest de Zentan, et un autre encore à 45 kilomètres à l'Est, représentant les stations de Thamascaltin et d'Auru. Or j'ai trouvé au Sud de Kabao, à 45 kilomètres Ouest de Zentan, des ruines qui portent actuellement le nom de *ksour*, et qui se trouvent dans les pâturages appartenant à la tribu des Slamatin. Ce nom de *Slamatin* peut-il être autre chose qu'une déformation de celui de Thamascaltin qui se prononçait Zamascaltin?

D'autre part, à Aouinya, à 45 kilomètres Est de Zentan, j'avais déjà, en 1901, relevé les traces d'une importante bourgade, dans une région dont les tribus portent, de nos jours encore, le nom de Asru. N'est-ce pas l'emplacement désigné par Auru dans l'itinéraire? Voilà trois coïncidences de noms et de distances (Slamatin, Zentan et Asru, avec *Thamascaltin, Thenteos* et *Auru*) qui me semblent des preuves précises de mon hypothèse.

Malheureusement, je n'ai pas été libre de poursuivre vers l'Est mes investigations. L'itinéraire m'obligeait à prendre la direction du Sud, vers le Soffedjin et Ghirza. Mais je retrouve, dans les notes de mon précédent voyage, l'indication d'une bourgade romaine actuellement nommée Mehapsa ou Mehesphé par les indigènes. Elle est située dans le Tarhouna, à 60 kilomètres S. O. de Leptis Magna, exactement sur le tracé que je préconise. Cette distance de 60 kilomètres est celle aussi qu'indique l'itinéraire d'Antonin pour la dernière étape, celle de Mesphe (40 milles romains). Voilà une nouvelle coïncidence de nom et de distance (*Mehesphé, Mesphe*) qui corrobore mes prévisions pour une 4e station.

Avant de passer aux régions suivantes, il me reste à fournir mes documents sur les deux localités de Slamatin et Zentan. Celle d'Asru ou Aouinya, déjà visitée en 1901, n'a que des traces de constructions au ras du sol. (Voir : *A travers la Tripolitaine*, par H.-M. de Mathuisieulx, Hachette, 1903.)

RUINES DU CANTON DE SLAMATIN.

Elles se trouvent à 14 kilomètres Sud de Kabao, dans une vaste plaine très unie qui arase la zone déchiquetée. Les indigènes leur donnent le nom de El-Ksour. Duveyrier les avait vues en revenant de Rhadamès, mais je ne sache pas qu'il en ait donné la moindre description.

Ces ruines consistent en deux groupes. L'un représente un beau mausolée; l'autre n'est plus qu'un amas de pierres de taille éparses sur un mamelon, à 50 mètres du mausolée. Ce mamelon trahit un amoncellement assez considérable de matériaux dont se composait une bourgade.

Le mausolée est une construction de forme carrée, dont la base mesure 4 mètres sur chaque côté et dont les faces supérieures mesurent 3 mètres de largeur. La hauteur actuelle du monument atteint environ 4 mètres. Chaque face est creusée de deux niches flanquées de pilastres. Une chambre voûtée, dont l'ouverture se trouve au ras du sol, mesure 2 mètres de hauteur. Cette chambre, de forme carrée comme le monument, a 1 m. 80 de côté. Elle est tout entière au-dessous du niveau inférieur des faces : son plafond correspond au niveau supérieur de la base.

Dans chacune des parois, se trouvent creusées des excavations cubiques jumelles, sauf sur la paroi orientale, qui n'en contient qu'une.

Tout autour, parmi les nombreuses pierres de taille écroulées, on distingue des ornementations.

RUINES DE ZENTAN.

Les ruines de Zentan sont situées dans le district de ce nom, à 6 kilomètres Est du kasr actuel des Turcs, parmi de belles plantations d'oliviers, à la naissance de la vallée du ouadi Ouisil.

Elles se divisent en trois groupes ; l'un d'eux se compose d'un quadrilatère formé par une haute chaussée de terre, qui recouvre probablement la base d'un ancien rempart. Au centre de ce quadrilatère irrégulier se dresse un castellum en pierres de taille, qui mesure 20 mètres de côté. Quelques-unes des pierres de ce castellum ont 1 m. 10 × 0 m. 60 × 0 m. 60. Une porte a encore ses deux montants debout. Les pans du mur à l'angle nord-occidental sont les plus élevés de cette ruine et dépassent 3 mètres.

A 1 kilomètre Sud se trouve un autre monument carré, de pierres de taille de 1 m. 10 × 0 m. 60 × 0 m. 60. J'y ai reconnu des traces de niches et de dalles énormes. La base de ce monument, sans doute un mausolée, mesure 3 mètres de côté. La hauteur actuelle des débris ne dépasse pas 1 m. 50.

A 300 mètres Sud de cette dernière ruine, gisent d'autres débris informes. A 1 kilomètre et demi au Sud-Ouest de la première de ces ruines est une construction carrée, en pierres de taille. La base des quatre murs est intacte jusqu'à 1 mètre de hauteur. A l'intérieur, on remarque une pierre creusée d'un bassin mi-sphérique.

ROUTE DE KIKLA AU FEZZAN.

Sur cette ancienne voie de pénétration[1], qui est encore suivie par quelques caravanes pour se rendre au Fezzan (la plupart prennent le tracé de Sokna), j'ai découvert trois groupes de ruines dont on ne soupçonnait même pas les noms. Ce sont : Djendouba, Elmdina-Ragda et Skiffa.

Djendouba. — A 10 kilomètres au Sud de l'oasis djeffarien de Rabta, au bord de la vaste échancrure de Kikla, qui sépare le Nefoussa du Gariana, se trouvent trois mamelons surmontés de ruines. Les plus importantes consistent en une basilique qui a été tout récemment mise à jour par les Arabes pour être transformée en mosquée. Fort heureusement la transformation est restée inachevée et j'ai pu relever ces ruines sans difficulté. (Voir le croquis ci-contre.)

Les bases des colonnes sont espacées de 1 m. 80 et leur tracé entoure un beau dallage auquel on accède par trois marches en B. Les diamètres de ces colonnes, dont aucune ne reste debout, mesurent 0 m. 50.

Je n'y ai vu aucune inscription, mais les murs portent plusieurs

[1] Cette route n'avait été vue par aucun Européen avant la mission de 1903. Les grands explorateurs allemands du siècle dernier étaient tous passés par la route de Gariana à Mizda.

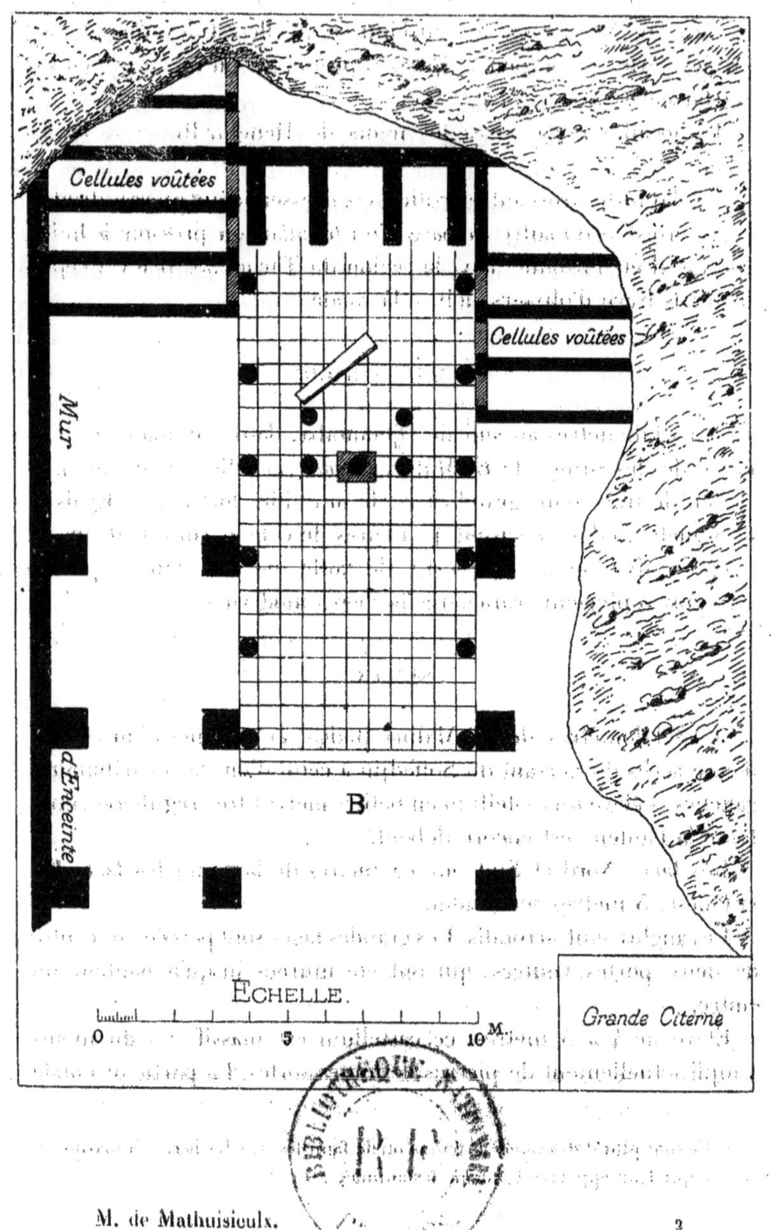
Cellules voûtées
Cellules voûtées
Mur d'Enceinte
B
Echelle.
0
5
10
M.
Grande Citerne

sculptures de croix grecques. A l'extrémité orientale, j'ai constaté une vaste et profonde citerne, fort bien conservée.

Au dire des indigènes, cette basilique renfermait, il y a deux ou trois ans, une statuette de femme nue, haute d'environ o m. 50 à o m. 60. Nul ne sait aujourd'hui ce qu'elle est devenue et malgré les fortes récompenses que j'ai promises, on ne l'a pas encore retrouvée.

La localité porte aussi les noms de Henchir-Ibaria et de Jériben.

Sur l'une des trois autres collines se dressent deux pierres droites, où je crois reconnaître la base d'un *torcular*, ou pressoir à huile, comme il en foisonne dans la région du Tarhouna. Il n'y a cependant pas trace d'oliviers, loin à la ronde.

EL-M'DINA RAGDA.

A 15 kilomètres au sud de Djendouba, dans une plaine déserte et stérile, les ruines de *El M'dina Ragda* (la ville dormante) présentent le tracé d'un grand carré de murailles fort belles. Épaisses de 1 mètre, elles mesurent 40 mètres de côté et comptent encore cinq ou six rangées de pierres de taille énormes. Sur les pierres sont gravés plusieurs caractères berbères modernes [1].

SKIFFA.

A 18 kilomètres de El M'dina Radga, au sommet d'un col qui donne accès du versant du Soffedjin à celui d'un de ses tributaires gauches, s'élève un castellum en petites pierres très régulières, dont toute la hauteur est encore debout.

Les faces Nord et Sud ont 10 mètres de largeur; les faces Est et Ouest, 5 mètres seulement.

Les angles sont arrondis. Les grandes faces sont percées au centre de deux portes voûtées, qui ont été murées jusqu'à hauteur du cintre.

Élevé de 4 à 5 mètres, ce castellum est massif, ou du moins rempli actuellement de pierres de toutes sortes. La partie orientale

[1] Ce sont plutôt des *signes* de tribus ou de familles. Les Berbères en marquent tout ce qui leur appartient, même les animaux.

est entièrement éboulée. Dans la moitié occidentale, un vide circulaire donnait peut-être accès à un escalier intérieur. Le fortin de Skiffa commandait un passage assez étroit de la route.

LE OUADI SOFFEDJIN.

Arrivé à Mizda j'avais à choisir entre deux routes : avancer encore directement vers le Sud, le plus loin possible et alors je refaisais le trajet dont Barth a si soigneusement décrit déjà les antiquités païennes et chrétiennes; ou bien marcher vers l'Est, en suivant le ravin du Soffedjin, ce qu'aucun voyageur n'avait encore tenté. Je choisis naturellement le deuxième itinéraire, d'autant plus que les indigènes me signalaient un bon nombre de ruines, sur le Soffedjin même.

Le *fleuve* Soffedjin est presque toujours à sec, mais il est parfois ravagé par des inondations subites, après des pluies violentes, comme tous les *ouadi* de la région. Il emporte alors tout ce qu'il rencontre dans le large fond de sa vallée : moutons, bœufs et hommes.

On m'a signalé un sinistre pareil, qui a désolé le pays, il y a une douzaine d'années.

Il serait difficile d'affirmer que dans l'antiquité le débit du Soffedjin a été plus régulier, mais à coup sûr les nappes souterraines, dont tout le dessous de son thalweg est encore imprégné çà et là, devaient être plus considérables. Aujourd'hui, on ne rencontre plus dans cette vallée, dont le sillon très large traverse tout le vilayet de l'Ouest à l'Est, que de maigres et sporadiques champs d'orge, dans la dernière partie du sillon, celle que nous allons suivre. Mais autrefois cette portion inférieure du Soffedjin a été très peuplée et très cultivée, comme le prouvent les nombreuses traces de fermes et de castella que nous rencontrons sur ses berges. Cette intensité de la colonisation romaine se retrouve, disons-le tout de suite, dans toute la partie orientale de la Tripolitaine proprement dite, sur le cours inférieur des ouadi desséchés qui aboutissent à la grande dépression de Taorgha (voir pl. V). Disons aussi tout de suite que tous les monuments rencontrés (fermes, castella, mausolées et bourgades) se trouvent exclusivement sur le tracé des ouadi. Il n'en existe pas un seul dans les espaces intermédiaires qui consistent en affreux déserts de pierre. Si, à cette remarque dont l'importance n'échappera pas aux historiens; on ajoute que les vestiges apparaissent *tous* actuellement à leur niveau normal, on en déduira que le sol lui-même n'a pas changé depuis l'antiquité romaine, c'est-à-dire que les déserts pierreux d'aujourd'hui avaient la même constitution autrefois. Donc, les Romains, aussi bien que les indigènes de nos jours, n'ont cultivé que les sillons des ouadi et de leurs affluents principaux, dont le fond, plat et large, leur fournissait une terre végétale, abreuvée de bas en haut. Ils n'ont été été, en quelque sorte, que des *jardiniers de corridors*.

Cependant cette colonisation devait avoir une certaine importance, car les ouadi offrent parfois une grande largeur et quelques-uns se déroulent sur une longueur de 200 kilomètres. Le Soffedjin, qui est le plus considérable de la Tripolitaine, s'étale, à partir de Mizda, sur une largeur de 5 à 15 kilomètres. Le Zemzen a des proportions analogues, mais ses berges sont beaucoup moins encaissées, ses puits beaucoup plus profonds, de sorte que le thalweg jouit d'une humidité souterraine moindre. Aussi les antiquités et les cultures actuelles y sont-elles moins nombreuses. Il y a pourtant exception pour l'un de ses tributaires, le ouadi Ghirza, qui recèle les ruines les plus belles et les plus curieuses de toute la Tripolitaine.

En suivant le Soffedjin, de l'Ouest à l'Est, depuis Mizda jusqu'au méridien d'Orfella, on rencontre surtout des fermes romaines et des castella, mais peu de monuments de luxe. Tous ces vestiges — et il faut appliquer la remarque à toute la région orientale du vilayet — sont infiniment mieux conservés que ceux de la région occidentale, c'est-à-dire des djebel. La raison en est facile à donner : c'est que les indigènes de cette région orientale sont nomades et n'ont que faire de charrier des pierres à leur campement de cabanes, tandis que les habitants des djebel, à peu près sédentaires, construisent des villages où ils sont très heureux d'employer des matériaux tout prêts.

Cela ne veut pas dire que l'état de conservation des ruines du Soffedjin et des ouadi voisins soit parfait. Le temps et les intempéries y ont aussi fait leur œuvre. Comme les castella et les bourgades perchaient généralement au sommet et au bord des hautes berges, beaucoup de murs se sont échancrés par suite des effondrements du sol et certains s'inclinent actuellement de la manière la plus précaire. Quant aux mausolées somptueux dont nous aurons à parler dans le chapitre suivant, on y constate parfois des trous dans les parois. Ce sont les Arabes qui en ont descellé deux ou trois pierres de taille pour y chercher un trésor. En effet, un grand nombre de légendes locales donnent aux mausolées la réputation de recouvrir des quantités de bijoux précieux et de pièces d'or. On peut s'expliquer ces légendes par le fait qu'on a quelquefois trouvé des pièces de monnaie et des médailles dans les nécropoles; la renommée a enflé l'importance de ces découvertes.

Voici la liste des vestiges du Soffedjin entre Mizda et le district d'Orfella :

1° *Gassar Ometala*, castellum, dont les quatre murailles ont une inclinaison extraordinaire, à cause d'un éboulement du sol;

2° *Ngassa*, castellum et citerne;

3° *Daffar Eremta*, un castellum et diverses traces d'habitation;

4° *Mahadoula*. Castellum, sur une colline, au milieu d'une immense plaine pierreuse. Chaque côté a 25 mètres et la hauteur actuelle dépasse 4 mètres. La façade Nord est percée d'une porte ordinaire de 2 mètres de largeur.

5° *Tininaye*. — Là, par exception, un superbe mausolée romain accompagne les traces d'une bourgade. C'est un monument bien conservé, en belles pierres de taille que les Berbères ont recouvertes récemment de caractères lybiens. Sur deux fragments de pierres, mesurant 1 m. 50 chacun, j'ai relevé l'inscription suivante :

X T E M P · S P
THO C.A.PIT IO

Les caractères, très mal gravés, ont 0 m. 20 de hauteur. Tout autour, les débris montrent des ornementations soignées, des fûts de colonne de 0 m. 50 de diamètre.

6° *Kasr Argous*. — Il y a dans cette localité deux groupes distincts. D'abord trois ruines, occupant chacune le sommet d'un triangle de 200 mètres de côté. La ruine la plus septentrionale est la base d'un mausolée carré, en pierres de taille énormes. Elle est massive. Le socle mesure 2 m. 50 de largeur; le reste 1 m. 80. Tout autour, les débris montrent des ornementations : rosaces, guirlandes, chapiteaux, entablements. A 200 mètres sud-ouest, se trouve une autre base de mausolée. Entre cette ruine et la première, on reconnaît les traces d'un castellum en petit appareil.

A l'Est de ce dernier mausolée, se trouvent les restes d'une belle tour ronde, en petites pierres carrées, bien alignées. La hauteur actuelle est de 5 mètres et le diamètre de 4 mètres. Traces d'épaisses murailles près de cette tour.

Le second groupe consiste en un dédale de ruines dominées par un puissant château fort, en petites pierres, de la grosseur de nos pavés, bien rangées. Il a 18 mètres de côté. La hauteur des murailles atteint encore une dizaine de mètres. C'est le plus important castellum que j'aie rencontré en Tripolitaine.

RUINES DE GHIRZA.

Les ruines de Ghirza sont les plus remarquables de toute la Tripolitaine. Les anciens caravaniers arabes en parlent souvent parce qu'ils y passaient naguère en se rendant de Tripoli au Fezzan : la route caravanière, depuis cinquante ou soixante ans, suit un tracé qui laisse généralement à une journée de marche la ville ancienne. C'est cette nouvelle route que Barth a prise, lorsqu'il est revenu du Tchad; mais comme il ne fait que mentionner ces vestiges admirables et que son retour s'est effectué très rapidement, je crois qu'il ne les a pas vues.

Ghirza est une ancienne ville romaine, très importante, dont les vestiges sont aujourd'hui isolés dans un affreux désert de pierres. A perte de vue, la solitude s'étend dans des plaines légèrement bossuées et striées de quelques ouadi au fond desquels poussent des herbes et des arbustes rabougris. Un de ces ouadi, le Zemzem, presque aussi long que le Soffedjin et parallèle à son cours, reçoit à droite un affluent : c'est précisément le ouadi Ghirza, celui qui a donné son nom moderne aux ruines.

Ces vestiges se composent de trois groupes : 1° la ville; 2° la nécropole suburbaine; 3° une nécropole foraine.

Les deux premiers se trouvent sur la rive gauche du ouadi Ghirza, près du débouché dans le ouadi Zemzem; le troisième sur la rive droite, à 3 kilomètres en aval. Tous occupent le sommet de faibles mamelons qui dominent immédiatement le ravin, dont le fond est rempli de caroubiers sauvages.

La ville de Ghirza. — C'est un fort groupement de hautes et épaisses constructions en petites pierres très bien alignées. On n'y trouve aucune ornementation. L'étendue occupée par ces vestiges mesure environ 800 mètres du Nord-Est au Sud-Ouest, le long des berges du Ghirza.

Quelques tours s'élèvent à 10 et 12 mètres. Un des bâtiments est flanqué d'une tour carrée, massive et bien conservée. Un autre est une belle construction de 65 mètres sur la façade Est et dont la hauteur dépasse 18 mètres.

Les clichés de ces ruines se sont perdus, mais le mal n'est pas grand, parce que la photographie n'aurait guère montré plus que cette courte description.

NÉCROPOLE SUBURBAINE DE GHIRZA.

Le grand intérêt de Ghirza porte sur cette nécropole et la suivante.

Celle-ci est attenante à la ville, ou du moins elle en est séparée par une faible dépression. Comme l'ensemble des vestiges de toute cette contrée, elle se dresse sur des déserts de pierres et donne lieu à la remarque que nous avons faite plus haut, au sujet de l'ancien niveau du sol.

Sept mausolées s'alignent de la manière que le montre le croquis n° 1 de la pl. VI (voir aussi la photographie de la pl. VII, fig. 2).

Les monuments A, B, C et D sont dans un assez bel état de conservation, du moins dans leurs parties essentielles. Les autres ne montrent plus qu'une base informe.

Mausolée A (voir pl. IV et pl. VI, fig. 4). — Il a la forme d'un temple carré, trapu, qui rappelle un peu les constructions égyptiennes. L'intérieur de la chambre est vide. On y accède par une porte faisant suite aux six marches d'un escalier dont il ne reste plus que les pierres détachées.

Contrairement à ce qui a lieu pour les mausolées voisins, la fermeture de la porte manque complètement, mais les ornementations qui dominent cette ouverture sont des plus curieuses : au center, une pierre porte l'inscription suivante (ma copie corrigée d'après l'estampage par M. Toutain) :

M · NASIF ET M
MATHLICH M
ATRIS M NIMIR
AFILFFDELFILI
KPP FECERVNT

Il a semblé qu'on puisse la lire de la manière suivante, au moins provisoirement : « M. Nasif et M. Mathlich, fils fidèles, ont élevé ce monument à leur mère Mnimir? très chérie ». On remarquera les noms propres de Nasif et de Mathlich qui doivent être d'origine berbère.

De chaque côté de cette inscription, se trouvent des ornementations bizarres, en assez jolie sculpture : poteries, aigles enlevant des moutons, hommes immolant un taureau, etc.

La hauteur de la porte est de 1 m. 60 ; celle des cartouches ci-dessus, de 0 m. 50.

Il est à remarquer aussi que les chapiteaux des colonnes ne se ressemblent pas tous sur la face postérieure.

Sur la face Sud de la chambre, à l'extérieur, deux bustes sont sculptés sur le mur. J'ai pris l'estampage de ces sculptures d'ailleurs très frustes. Le milieu de cette façade est percé à sa partie supérieure d'une fenêtre de 0 m. 70 sur 0 m. 50.

Sur la face Nord, une des belles pierres de taille, à 2 mètres du plancher, porte la sculpture très élégante d'un cheval.

Les linteaux du péristyle, belles pierres plates, sont taillés en forme d'éventail dans les angles.

Mausolée B. — Ce monument (pl. VI, fig. 3, pl. VII, fig. 1, et pl. IX, fig. 1) est moins large que le précédent, mais il est aussi riche en ornementations. Sa hauteur mesure 7 mètres. Entouré d'une rangée de colonnes sur trois faces et de deux rangées sur la quatrième, il possède une porte fermée A, très fouillée et composée de deux battants en pierre.

Monument C (pl. VI, fig. 2, pl. IX, fig. 2, pl. VIII). — Ce mausolée est plus curieux encore, à cause des ornementations de ses corniches. On y accède par un escalier éboulé. La face Est et antérieure est ornée d'une porte fermée, très fouillée, haute de 1 m. 20.

Dans un cartouche à queues d'aronde se lit l'inscription suivante, dont il a été pris estampage (ma lecture revue par M. Toutain) :

M CHVLLAM VARNYCH
N PATER ET M MARCHI
NIMMIRE ET ACCVRA
NQVIE S MEMORI
AM FECERV ISCVSSI
MVS RATI IIOAD
IAEROGA ES SVA
IOSA IRC VS INN
VMMO IO SINGVLA
RES NVMERO QVADRACI
NTA QVINQVE CF
N OSIRESII CN OF
ERA IVS FILI C
ISI ENIFILI ET

Les colonnes ont 0 m. 30 de diamètre. Les chapiteaux sont dissemblables.

Les corniches représentent diverses scènes de la vie humaine. On y voit des gladiateurs, des laboureurs, des nourrices, tout cela mêlé à des palmiers, à des autruches, à des gazelles, à des girafes. Sur la face Sud, se distingue une femme qui absorbe le contenu d'une gourde. Sur la face Nord, on remarque un homme poussant une charrue attelée à des bœufs. Ailleurs, un indigène lutte avec un taureau, un autre chasse la gazelle. Malheureusement l'altitude de ces ornementations ne me permet ni de les photographier, ni de les estamper. Je me rattrape en estampant les beaux débris qui gisent à terre (voir pl. X et pl. XI, fig. 1), et sur lesquels je crois devoir appeler l'attention.

Il est à noter que les grappes de raisin figurent fréquemment dans les sculptures de Ghirza (pl. XI, fig. 2 et 3).

Mausolée E. Il n'en existe plus que la base, carré de 2 m. 50 de côté.

Mausolée F. Il n'a plus que la base, comme le précédent, mais celle-ci mesure 3 m. 50 de côté. On distingue tout autour un bon nombre de chapiteaux.

Mausolée G. Comme les deux précédents, il n'en reste plus que la base.

Les fragments, qui sont répandus tout autour, portent des ornementations très variées (pl. XI, fig. 4, 5 et 6).

NÉCROPOLE DES ENVIRONS DE GHIRZA.

Cette seconde nécropole est située à 3 kilomètres de la première, sur la rive opposée du ouadi Ghirza (rive droite) et sur un mamelon pierreux qui domine de 30 mètres le fond de la vallée. Elle se compose de cinq mausolées.

Trois d'entre eux ont beaucoup de ressemblance avec les monuments de la nécropole précédente. Mais il en est un, le premier de la rangée à partir du Sud, qui affecte une forme toute particulière (pl. XIV). C'est une sorte d'obélisque très élancé. Nous en trouverons d'autres dans le Nefed et dans le Merdoum, mais plus trapus et moins ornementés. Celui-ci se termine en forme de pyramide allongée, que couronne une sorte de chapiteau très élégant. C'est le seul monument de ce genre à Ghirza. Sa hauteur est de 15 mètres environ. Il se divise en trois étages à peu près égaux. Le tronc, de forme carrée, a 1 m. 50 de côté.

Sur la face orientale, au deuxième étage, se creuse une niche de 3 mètres de hauteur et de 0 m. 60 de largeur. Elle est vide.

Sur la face Nord, les corniches du premier étage sont sculptées de figures étranges, coiffées du turban avec buste drapé de peplum. De l'une des têtes se détache une figurine complète qui semble s'envoler en portant une couronne.

Sur les corniches du deuxième étage se trouvent d'autres têtes, des rosaces variées et des guirlandes.

Mausolée B (pl. XII et pl. XV, fig. 1). — Ce monument, comme ses deux voisins, est plus mince que ses similaires de la nécropole précédente. On voit sur ses corniches des chars attelés à des chevaux et dirigés par des hommes. Les colonnes n'ont que 0 m. 25 de diamètre. La hauteur totale est de 6 mètres, la base de 3 m. 20. Sur les corniches, on distingue les ornementations représentant des grillages, des poissons, des phallus.

Mausolée C (pl. XIII). — Monument assez semblable au précédent. Sa hauteur est de 4 m. 20, sa base de 2 m. 50. Les ornementations de ses corniches consistent en poissons, grappes de raisin sur leur tige, palmiers chargés de dattes, oiseaux.

Monument E. — Exactement semblable au précédent dans sa forme et dans ses dimensions. La face Est porte dans sa frise deux lions se faisant face et encadrant une tête de bœuf.

Face Nord : chameaux, chevaux.

Face Ouest : poissons, palmiers.

Face Sud : oiseaux, lièvres.

Les monuments F et G n'ont plus à peine que leur socle, dont les dimensions paraissent avoir été égales à celles des monuments D et E.

Tout autour des mausolées de ce groupe, se trouvent de nombreux débris portant les ornementations fort variées (personnages à grosse tête et à petit corps, vignes, etc.).

A signaler quelques traces de constructions romaines consistant en habitations.

RUINES DU OUADI NEFED.

De Ghirza pour revenir à la côte, le chemin le plus profitable aux recherches archéologiques est celui de Nefed et du Merdoum. Quoique je n'eusse plus de provisions et qu'on nous annonçât une région entièrement déserte, il n'y avait pas à hésiter. Nous remontâmes ainsi vers le nord, c'est-à-dire dans la direction du port de Misrata.

Les ruines du Nefed consistent en deux groupes, distants de 20 kilomètres, l'un au confluent du ouadi Ahmed, l'autre à Lachadié.

Le groupe du confluent du Ahmed se compose de trois vestiges.

Le premier, sur la rive droite du Ahmed lui-même, montre les traces d'une bourgade, dont il ne reste que quelques pierres de taille encore debout. Cette bourgade se trouvait à une dizaine de mètres au-dessus du thalweg. Le second, sur la rive droite du Nefed, est un mausolée en forme d'obélisque, comme celui des environs de Ghirza, mais plus trapu et moins orné (pl. XVIII). Il domine à pic (et de 30 mètres) la berge du Nefed, qui forme là un profond ravin de 500 mètres de largeur moyenne.

Ce mausolée a 11 mètres de hauteur, 2 m. 50 de largeur sur chaque face. Le monument se termine en pyramide.

Sur la rive opposée du Nefed, à 30 mètres au-dessus du thalweg, se dresse une ruine dont la partie supérieure a disparu (pl. XV, fig. 2). Ce devait être un monument semblable au précédent. Il n'en reste plus que la base, que les éboulements du sol ont à moitié disloquée. Ici, les ornements sont beaucoup plus nombreux non seulement sur le bloc restant, mais dans les débris d'alentour. De forme carrée et de 2 mètres de côté, cette ruine domine de sa hauteur de 4 mètres la rive gauche du Nefed.

Près de là se dresse un castellum en petites pierres, carré comme tous ceux de la région.

Ces ruines prouvent que jadis le fond du Nefed était cultivé, mais actuellement les premiers champs d'orge que l'on rencontre se trouvent plus près de la mer, à Lachadié.

RUINES DE LACHADIÉ.

Le deuxième groupe du Nefed est à Lachadié, à 20 kilomètres aval du premier. Sur la rive droite, on rencontre des débris de colonnes et de chapiteaux, sans aucune trace de construction, de sorte que je crois ces fragments apportés de la rive gauche.

Sur cette rive gauche se trouvent deux ruines importantes, un tombeau dans le fond de la vallée, un castellum au sommet des berges (hautes de 50 à 60 mètres).

Il devait y avoir là un centre très important à en juger par les nombreuses traces d'autres constructions dont les indigènes nomades ont fait des margelles de puits ou des abris de bestiaux.

Le tombeau (pl. XVI, fig. 2, et pl. XVII) est précédé d'un amas de pierres dont trois fragments portent séparément les inscriptions suivantes :

AVRELLIO NAZ MVI PARENTI ET
ET MAGNV ET ARCADIVS FIL

TRI AVRELLI
LDSS LMIS E

MAIOR
CERVNT

Le monument a l'apparence d'un temple. Une enceinte (de pierres de taille comme tout le reste) l'entoure. La couverture de ce beau cube de pierres est en larges dalles supportées par des traverses de pierre sculptée, à une hauteur de 4 mètres, au-dessus du plancher, qui est également en belles dalles. Au centre de chacune des faces de cette chambre sont appliquées des étagères.

L'ouverture de ce temple est une porte carrée, haute de 1 m. 70, large de 1 mètre, à l'intérieur de laquelle on distingue encore les cannelures destinées à assurer la fermeture. Une crypte occupe le sous-sol : l'entrée a 1 m. 60 de haut et 1 m. 20 de large. Les dispositions de cette crypte sont les mêmes qu'à l'étage au-dessus, mais le plafond est soutenu, en son centre, par un pilier carré.

Les abords de ce temple ou mausolée sont jonchés de fragments d'ornementations.

Le castellum voisin (pl. XVI, fig. 3) a ceci de particulier qu'il est le seul de toute cette région, du moins à ma connaissance, qui soit construit en pierres de taille. C'est une superbe bâtisse de 20 mètres de côté, avec des murs épais de 1 mètre et hauts de 4 mètres en moyenne. On distingue des traces de clôtures intérieures.

Actuellement tout l'intérieur du monument est un monceau de pierres de taille éboulées, parmi lesquelles on rencontre des chapiteaux en grand nombre.

A remarquer la forme de la porte et les trous des montants où l'on retrouve tout le mécanisme de fermeture qui était très puissant.

RUINES DU MERDOUM ET DU TAORGHA.

Du Nefed, nous gagnons le ouadi Merdoum, ou du moins le débouché de son ravin desséché dans la vaste dépression de Taorgha, également desséchée. Nous remontons ensuite ce ouadi, parce que d'après certains indices je pressens que ses berges doivent avoir beaucoup de vestiges romains.

Le ouadi Merdoum n'est autre que le ouadi Beni-Oulid d'Orfella : dans sa partie inférieure il prend le nom de Merdoum, qui signifie « fleuve couvert », allusion sans doute à l'eau souterraine qui rend la contrée relativement fertile. Le sillon du Merdoum et celui de tous les ouadi voisins jusqu'à Misrata sont revêtus de champs d'orge. Le Merdoum possède en outre un grand nombre de caroubiers. La vallée est beaucoup moins encaissée dans cette région qu'à Orfella, et les pentes douces de ses berges permettent quelques cultures de céréales, parmi lesquelles on retrouve les ruines romaines. Ces ruines sont en grand nombre depuis l'embouchure jusqu'à une vingtaine de kilomètres dans l'intérieur : elles consistent surtout en fermes assez rapprochées les unes des autres, mais nous y avons trouvé aussi trois mausolées en forme d'obélisque. Je signale ces ruines dans l'ordre où nous les avons rencontrées, c'est-à-dire en allant du Sud au Nord.

RUINES DE FESKIA.

A 8 kilomètres environ du débouché du Merdoum dans l'ancienne lagune (aujourd'hui, plaine) de Taorgha, se dresse un autre mausolée en forme d'obélisque.

Ce monument est loin de valoir les précédents. Il n'atteint pas 7 mètres de hauteur totale, chaque face mesure 2 m. 60 de largeur. On n'y voit aucune inscription, aucune autre ornementation que de simples corniches, très rongées par le temps. Une pierre a été descellée par les habituels chercheurs de trésors. A proximité, on reconnaît des traces de bourgade et d'un puits très ancien. A 3 kilomètres au Sud-Est, se dressent les restes d'un castellum.

LE CHÂTEAU.

A 8 kilomètres plus en aval encore, nous rencontrons un castellum que, faute de nom spécial, j'appelerai le *Château*. Il se trouve sur la rive droite, comme les ruines précédentes (pl. XXI, fig. 2). Construit en petites pierres, très bien alignées, il dessine un carré de 13 mètres de côté. La hauteur actuelle, dans les endroits les mieux conservés, atteint 8 mètres. La porte en est digne d'intérêt à cause de ses ornementations et de son inscription, la seule que nous ayons trouvée sur un castellum (pl. XXI, fig. 1).

Sur la rive gauche, presque en face, traces d'une autre bourgade et d'un autre castellum.

RUINES DES MSELLAT.

Ici, c'est un fort groupement des vestiges de la colonisation romaine. Sur les deux versants de la douce et sinueuse vallée, les vestiges abondent. La vue en embrasse huit ou dix à la fois. C'est le site de Tripolitaine, après les emplacements de Leptis, de Sabratha et de Ghirza, où nous avons rencontré la plus forte réunion d'antiquités. Mais, à part les deux mausolées que nous allons décrire, toutes ces ruines sont des fermes ou des castella, sans ornementation et sans inscription.

Les deux Aiguilles ou *Mseliat* sont deux mausolées, en forme d'obélisque, tout près l'un de l'autre (pl. XIX et XX). Ces monuments jumeaux se dressent sur une colline pierreuse qui domine toute la contrée. Séparées l'une de l'autre par une vingtaine de mètres d'intervalle, elles diffèrent par les dimensions et par l'ornementation.

Le mausolée de la planche XIX a 9 mètres de hauteur. Ses angles sont flanqués de colonnettes. Les frises du deuxième étage portent les ornementations que nous retrouverons dans les fragments gisant sur le sol.

Le mausolée de la planche XX est plus simple et un peu plus bas. Il n'a pas d'autre embellissement que ses corniches en ligne droite.

Entre ces deux *Msellat,* on trouve de beaux fragments et le curieux chapiteau ci-dessus.

En amont, sur un espace de 6 à 7 kilomètres, les ruines s'échelonnent sans interruption.

En quittant le Merdoum pour remonter à Misrata, nous coupons un grand nombre de ouadi, tributaires de l'ancienne lagune de Taorgha. Ce sont encore des fermes et des fortins, sans ornementation, en petites pierres carrées, d'un aspect puissant. Ces ruines se trouvent exclusivement au bord des sillons des ouadi qui, dans toute cette région du Taorgha, ont creusé très faiblement leur lit, si bien qu'on ne reconnaît guère leur thalweg qu'aux rubans de verdure dont ils sont couverts (orge).

Ces ruines sont, en marchant du Sud au Nord :

Kasr Zinger, tour carrée de 12 mètres de côté, haute de 13 mètres, en murs très épais. Porte basse et voûtée sur la face orientale. Construction en petites pierres bien alignées.

Bit-el-Hassan. Trois fermes romaines, espacées de 1 kilomètre chacune.

Oujaran. Nombreuses ruines de fermes sur le Ouadi Ourajan, affluent droit du ouadi Sassou.

Sassou. Même remarque que pour le groupe Oujaran.

Entre Sassou et Misrata, je n'ai plus remarqué de ruines; cependant la contrée est aujourd'hui une des moins stériles de la Tripolitaine. On y rencontre un bon nombre de champs d'orge et de troupeaux.

LE LITTORAL ENTRE MISRATA ET TRIPOLI.

Une fois arrivé à la côte, ma tâche était terminée, puisque je m'étais imposé de découvrir et de relever les ruines de l'intérieur que mes prédécesseurs n'avaient pas vues. Quant aux vestiges du littoral, ils ont été si souvent visités (Pacho, Della Cella, Barth, Rohlfs) que je n'avais guère de nouveaux renseignements à y chercher. Moi-même, en 1901, j'avais relevé les plus importantes de ces ruines, celles de Leptis Magna.

Cependant je ne pouvais passer devant l'embouchure du célèbre Cynips sans en prendre un croquis et des photographies, car cela n'a jamais été fait par mes prédécesseurs. Je m'arrêtais donc au Cynips.

Il me faut signaler, avant cette embouchure, une superbe tour carrée (tour de Gouspat). C'est un monument massif et carré, en belles pierres de taille, avec quelques rangées de petites pierres à la partie supérieure. Il mesure 11 h. de hauteur. La face orientale est percée d'une porte carrée de 2 mètres de hauteur, que surmonte une pierre encadrée, d'où l'inscription a totalement disparu. Ce côté oriental de la tour est encombré d'éboulis qui en cachent la base, mais pas assez pour ne pas laisser accès à une crypte vaste et haute. Cette crypte est flanquée de piliers massifs, en pierres de taille, comme tout le reste. (Pl. XVI, fig. 1.) — La face du fond est ornée d'une petite étagère en marbre.

Je dois citer aussi des localités que l'on m'a signalées, mais que je n'ai pu voir parce que je n'avais plus le temps de faire un nouveau crochet dans l'intérieur. Elles se trouveraient à 8 ou 10 heures de la côte, au Sud de Zlitten, à *Kabo* (?), près des sources du ouadi Kaan (ouadi Cynips) et de celles du ouadi Lebda, qui se jette à Lebda (Leptis). Il y aurait en cet endroit de puissants barrages anciens, encore en bon état. On m'a affirmé que, tout récemment, les Arabes avaient découvert dans les ruines d'habitations dont ces barrages sont flanqués *des rouleaux de papiers* écrits en latin (ou en grec). J'ai chargé un fonctionnaire turc d'examiner ce que peuvent être ces assertions et d'acheter les manuscrits à n'importe quel prix; je n'en ai reçu aucune nouvelle.

A 3 kilomètres S. E. de Zlitten, il existerait aussi, dans un site appelé *Magger* (?), une importante série de ruines romaines. On m'a enfin parlé de citernes anciennes à *Touba* (?) et à *Rouhaha* (?).

RUINES DU CYNIPS.

Barth a décrit les vestiges d'une ville dont on sait seulement les quelques renseignements fournis par Strabon et Hérodote. Il n'en reste que de faibles traces, tant la civilisation carthaginoise semble s'être acharnée à détruire ce poste avancé de la civilisation grecque de Cyrénaïque.

Ce qui caractérise l'emplacement de Cynips, c'est la faible

couche de conglomérats qui s'est déposée sur une épaisse stratification de roches tendres, presque sableuses. Là où les eaux Cynips ont usé la mince couche dure, il s'est formé des cavernes et des abîmes très profonds. C'est ainsi que le milieu même du thalweg s'est effondré en un vaste entonnoir, dont le diamètre dépasse 50 mètres et dont la profondeur apparente est de 10 mètres; le fond de cet entonnoir est rempli par l'eau, à laquelle les indigènes donnent 60 (?) mètres de profondeur.

L'emplacement de Cynips se trouve à 3 kilomètres de la mer. Actuellement il y est relié par un fossé très profond que le ouadi s'est creusé dans son grand sillon primitif, après avoir érodé la roche dure [1].

Telles sont les découvertes et les études auxquelles je me suis livré dans cette mission de 1903. Je crois pouvoir en résumer ainsi les résultats :

1° Sabratha maritime a été un port au moins aussi considérable que Leptis, mais dont les vestiges apparents laissent moins d'études à poursuivre par le voyageur dans les conditions présentes ;

2° Sabratha intérieure existait bien réellement et Ptolémée ne s'est pas trompé en la distinguant de Sabratha maritime ;

3° La route de Tacape à Leptis (limes tripolitanus) rasait le plateau du Nefoussa, au Sud de la zone déchiquetée qui forme la bordure septentrionale du Djebel. *El-Ksour*, *Zentan*, *Asrou* et *Mehesphe* sont trois étapes identifiées de l'itinéraire d'Antonin (Thamascaltin, Thenteos, Auru, Mesphe) ;

4° Une route de pénétration, autre que celle de Gariana, conduisait du littoral à Mizda. Elle est jalonnée par les vestiges de Djendouba, de Elmdina Ragda et de Skiffa ;

5° Le ouadi Soffedjin a été cultivé, dans son thalweg, depuis Mizda jusqu'à la lagune de Taorgha, aujourd'hui desséchée. On trouve des traces de cette colonisation à *Gassar Ometela*, à *Ngassa*, à *Daffar Eremta*, à *Mahadoula*, à *Tininaye* et à *Argous* ;

6° Le ouadi Zemzem a probablement été cultivé de même, mais je ne l'ai constaté qu'à Ghirza ;

7° Toutes les ruines du Soffedjin, du Zemzem, du Nefed, du

[1] Le plan de Cynips, ainsi que d'autres qui n'ont pu figurer dans ce rapport, se trouve dans le texte manuscrit.

Merdoum et du Taorgha sont exclusivement placées le long des sillons des ouadi. Il n'en existe pas une seule dans les étendues intermédiaires. D'autre part, ces ruines sortent du sol à leur niveau normal. D'où je déduis que le niveau du sol ancien était le même qu'à présent et que les Romains ont seulement cultivé les corridors sus-nommés;

8° Les superbes mausolées de Ghirza laissent supposer qu'il y avait là un centre très important de colonisation.

9° Les autres centres principaux se trouvaient à Lachadié (dans le Nefed); à Feskia et à Msellat (dans le Merdoum); à Bit-el-Hassan et à Oujaran (dans le Taorgha);

10° Toutes ces ruines de la partie orientale du vilayet de Tripoli sont mieux conservées que celles de la partie occidentale et du littoral, parce que les indigènes, tous nomades, n'ont pas intérêt à les détruire pour en édifier leurs habitations. Le contraire a lieu pour le Nefoussa et pour le littoral;

11° Si les renseignements qu'on m'a donnés sont exacts, il faudrait ajouter à ces centres de colonisation ceux de Kabo (?) et de Magger, au Sud de Zlitten, au pied des derniers contreforts du Tarhouna vers la mer.

Et, pour conclure encore plus brièvement, il y a eu trois zones de colonisation dans l'antiquité, les trois mêmes qu'aujourd'hui :

1° La ligne des oasis du littoral, depuis Zouara jusqu'à Misrata avec de nombreuses interruptions (palmiers, légumes, arbres fruitiers d'Europe);

2° La zone déchiquetée de la bordure septentrionale des hauts plateaux, appelée Djebel, où les hautes vallées renferment quelques touffes sporadiques d'oliviers et quelques champs d'orge;

3° Le sillon des ouadi transversaux (Soffedjin, Zemzem, Nefed, Merdoum) ainsi que le district de Taorgha, qui offraient, comme aujourd'hui, de longs et larges rubans de champs d'orge. Ces rubans, parfois, s'étalaient sur une largeur de 15 kilomètres.

A part ces trois zones, il ne pouvait plus rien y avoir : les surfaces étaient couvertes de pierres (dans la partie orientale) et de sables dans la partie Nord (Djeffara).

Les contrées habitées actuellement sont absolument les mêmes que celles où l'on trouve les ruines de l'ancienne colonisation.

DEUXIÈME PARTIE.

MÉTÉOROLOGIE.

Les observations que j'ai consignées ici ont été prises en cours de route, journellement, avec la plus grande régularité possible. Les difficultés de la marche et le nombre restreint des instruments ont empêché de faire mieux. Les exigences des escortes et la nécessité de joindre les lieux d'étape n'ont pas permis de prendre ces observations à heure fixe, mais seulement pendant les haltes imposées.

Je me suis servi d'instruments vérifiés par le Bureau Central Météorologique de France avant le départ. Je possédais des thermomètres-fronde Tonnelot, un baromètre altimétrique Goulier et un autre gros baromètre anéroïde, également contrôlé, qui a servi de témoin à Tripoli.

Les baromètres ont été réglés à 760 millimètres.

Celui du colonel Goulier, qui m'a servi pour les observations de la route, présentait les corrections d'échelle suivantes :

A	CORRECTION.	A	CORRECTION.
	millimètres.		millimètres.
760 millimètres...	0 0	650 millimètres...	1 5
750............	0 1	640............	1 7
740............	0 1	630............	1 9
730............	0 2	620............	2 00
720............	0 4	610............	2 1
710............	0 6	600............	2 2
700............	0 7	590............	2 4
690............	0 9	580............	2 6
680............	1 00	570............	2 9
670............	1 2	560............	3 5
660............	1 3	550............	4 1

Soumis à une variation de température de + 10° à + 47°, soit

37° d'écart, ce baromètre a accusé une hausse de 0m.0033, soit 0m.0009 pour une élévation de température de 10 degrés.

Les thermomètres-fronde ont accusé :

Au-dessous de +20°	Correction nulle.
De 20° à +35°	Ajouter 0',1.
Au-dessus de 35°	Ajouter 0',2.

Les observations-témoin ont été faites à Tripoli, pendant toute la durée de mon absence, par M. Rais, vice-consul de France, avec l'un de mes thermomètres-fronde et le gros baromètre anéroïde.

Parti le 20 mars, je n'ai commencé mes observations qu'en quittant la côte à Abou-Adjila. A partir du 24 avril, je n'ai plus pu continuer les notes thermométriques parce que tous mes thermomètres se sont trouvés brisés.

Ces notes ont été consignées dans les tableaux suivants. On trouvera, en regard de chaque journée, les observations correspondantes faites à Tripoli par M. Rais.

Mes thermomètres, comparés au départ avec celui qui restait à Tripoli, ne présentaient aucune différence avec ce dernier. Je n'ai pu les comparer au retour avec ce baromètre-témoin parce qu'ils se sont brisés en route, mais durant le trajet et jusqu'à leur dernier moment d'existence, ils n'ont trahi aucune divergence entre eux.

Le baromètre altimétrique a été également comparé au départ et au retour avec le baromètre-témoin. Au départ la différence était nulle; au retour le baromètre altimétrique accusait une différence de +1 millimètre sur le baromètre-témoin.

TABLEAU

(21 MARS–

DATES.	LOCALITÉS.	HEURES.	THERMOMÈTRE FRONDE.	BAROMÈTRE ANÉROÏDE.	OBSERVATIONS GÉNÉRALES.
		h. m.	degrés.	millim.	
21 mars.	"	"	"	"	"
22 mars.	"	"	"	"	"
23 mars.	"	"	"	"	"
24 mars.	"	"	"	"	"
25 mars.	Abou-Adjila	8 00 m.	14 5	768	Ciel limpide. Vent frais de N. O.
Idem....	A 15 kil. Sud d'Abou....	12 00	25 0	767	Vent du N. O.
Idem....	A 25 kil. Sud d'Abou...	3 00 s.	25 5	763	"
Idem....	A 32 kil. Sud d'Abou ...	5 30 s.	15	760	"
26 mars.	*Idem*	7 00 m.	10 2	761 5	Ciel limpide. Vent frais.
Idem....	A 40 kil. Sud d'Abou	9 00 m.	21 5	761 5	"
Idem....	A 44 kil. Sud d'Abou	10 00 m.	23 5	761	Vent du Sud.
Idem....	A 50 kil. Sud d'Abou	11 30	25 5	761	"
Idem....	*Idem*	12 00	25	761	"
Idem....	Puits Mechel Montsor....	2 45 s.	26 9	761	Vent tombé.
27 mars.	*Idem*	7 30 m.	18 2	758	Vent Sud frais. Ciel limpide.
Idem....	*Idem*	9 00 m.	21 5	758	Vent Sud, fort.
Idem....	A 60 kil. Sud d'Abou	11 00 m.	28 3	757	Vent Sud. Un peu chaud.
Idem....	*Idem*	12 00	29 2	757	"
Idem....	A 68 kil. Sud d'Abou	2 00 s.	28 8	755	Sans nuages, mais soleil voilé.
Idem....	A 88 kil. Sud d'Abou	6 00 s.	25 5	749 5	"
28 mars.	Oasis de Cheikchouk.....	6 45 m.	20 5	747	Vent Sud. Ciel couvert.
Idem....	A mi-côte de la falaise....	9 00 m.	21 5	"	"
Idem....	Djado (env. 750^m alt.)....	10 30 m.	"	706	"
Idem....	*Idem*	12 00	17	708	"
Idem....	*Idem*	7 45 m.	10	707	Ciel couvert. Vent violent.
29 mars.	Djado (env. 750^m alt.)....	8 00 m.	8 5	706	Ciel limpide. Vent frais du Nord.

MÉTÉOROLOGIQUE

11 MAI.)

INSTRUMENTS TÉMOINS À TRIPOLI DE BARBARIE.

THERMOMÈTRE FRONDE N° 14820.					BAROMÈTRE NON NUMÉROTÉ.				
9 HEURES matin.	12 HEURES.	3 HEURES soir.	6 HEURES soir.	9 HEURES soir.	9 HEURES matin.	12 HEURES.	3 HEURES soir.	6 HEURES soir.	9 HEURES soir.
degrés.	degrés.	degrés.	degrés.	degrés.	millim.	millim.	millim.	millim.	millim.
16 5	16 5	17	〃	16 5	770	770 3	770	〃	771 5
15 5	16	16	15 8	15 8	773 5	773 8	773	773 2	773 5
15	16	〃	15	15 5	773 2	772 8	〃	771	771
15	15	16	16	〃	769 8	769 5	768	768	〃
15 5	15 5	〃	15 5	15	767 8	768 2	〃	767 1	768
〃	〃	〃	〃	〃	〃	〃	〃	〃	〃
〃	〃	〃	〃	〃	〃	〃	〃	〃	〃
〃	〃	〃	〃	〃	〃	〃	〃	〃	〃
15 5	18	16 25	16	16	769	768 8	767 2	767 1	767 7
〃	〃	〃	〃	〃	〃	〃	〃	〃	〃
〃	〃	〃	〃	〃	〃	〃	〃	〃	〃
〃	〃	〃	〃	〃	〃	〃	〃	〃	〃
〃	〃	〃	〃	〃	〃	〃	〃	〃	〃
〃	〃	〃	〃	〃	〃	〃	〃	〃	〃
16	16 5	17 5	16 5	〃	766 8	766 5	765 1	764 8	〃
〃	〃	〃	〃	〃	〃	〃	〃	〃	〃
〃	〃	〃	〃	〃	〃	〃	〃	〃	〃
〃	〃	〃	〃	〃	〃	〃	〃	〃	〃
〃	〃	〃	〃	〃	〃	〃	〃	〃	〃
〃	〃	〃	〃	〃	〃	〃	〃	〃	〃
17	〃	16	16	〃	763	〃	764 8	766	〃
〃	〃	〃	〃	〃	〃	〃	〃	〃	〃
〃	〃	〃	〃	〃	〃	〃	〃	〃	〃
〃	〃	〃	〃	〃	〃	〃	〃	〃	〃
〃	〃	〃	〃	〃	〃	〃	〃	〃	〃
15	17	〃	17	〃	767	766 7	〃	765 5	〃

DATES.	LOCALITÉS.	HEURES.	THERMOMÈTRE FRONDE.	BAROMÈTRE ANÉROÏDE.	OBSERVATIONS GÉNÉRALES.
		h. m.	degrés.	millim.	
29 mars.	Djado (env. 750m alt.).....	9 00 m.	11	706 5	//
Idem....	*Idem*................	12 00	14 5	707 5	//
Idem....	Au fond du Ouadi (300m au-dessous de Djado).	2 00 s.	20 8	737	//
30 mars.	*Idem*................	6 00 m.	14 2	708	//
31 mars.	*Idem*................	7 30 m.	11	707 8	Beau ciel.
Idem....	*Idem*................	9 00 m.	14 5	708	Pas de vent.
Idem....	*Idem*................	1 10 s.	18 2	708	//
Idem....	*Idem*................	6 45 s.	13 5	707 8	Vent d'Ouest.
1er avril.	*Idem*................	9 00 m.	9 5	705	//
Idem....	Puits de Djinaoun (env. 105m).	3 00 s.	17 5	732 5	Ciel un peu couvert.
Idem....	Cheikchouk...........	5 00 s.	18 3	748	Beau ciel.
2 avril..	*Idem*................	7 00 m.	15 6	745 8	Vent d'Ouest. Soleil un peu voilé.
Idem....	*Idem*................	9 00	19 5	746 5	//
Idem....	Djeffava. A 8 kil. Ouest de Cheikchouk.	10 00	20 3	745 8	Vent d'Ouest.
Idem....	Pied de la falaise.......	11 45 m.	24	745 5	*Idem*.
Idem....	Pied de la falaise (8 kil. plus à l'Ouest).	1 45	25 5	744 5	*Idem*.
Idem....	*Idem*................	2 30 s.	23 2	742	*Idem*.
Idem....	Djoch...............	5 45 s.	19 8	742	Vent N. O. Ciel limpide.
3 avril..	*Idem*................	6 30 m.	9 8	742 5	Vent frais du Sud. Ciel limpide.
Idem....	Djoch (8 kil. plus à l'Ouest).	9 00 m.	18 5	745 8	Vent d'Est.
Idem....	*Idem*................	10 30 m.	22 5	745 4	//
Idem....	Djeffava.............	12 45	26	743 5	Vent d'Ouest.
Idem....	*Idem*................	1 20 s.	25 5	744	*Idem*.
Idem....	*Idem*................	3 00 s.	25	743	//
4 avril..	Tiji (Djeffava).........	6 00 m.	18 5	739	Ciel couvert. Vent d'Ouest.
Idem....	Sur Ouadi Kabao.......	8 30	23	739	Vent d'Ouest.
Idem....	*Idem*................	9 00 m.	24 5	737 8	Vent Sud, assez fort.
Idem....	*Idem*................	12 00	29 8	735 5	Ciel limpide. Vent Sud.

INSTRUMENTS TÉMOINS À TRIPOLI DE BARBARIE.									
THERMOMÈTRE FRONDE N° 14820.					BAROMÈTRE NON NUMÉROTÉ.				
9 HEURES matin.	12 HEURES.	3 HEURES soir.	6 HEURES soir.	9 HEURES soir.	9 HEURES matin.	12 HEURES.	3 HEURES soir.	6 HEURES soir.	9 HEURES soir.
degrés.	degrés.	degrés.	degrés.	degrés.	millim.	millim.	millim.	millim.	millim.
//	//	//	//	//	//	//	//	//	//
//	//	//	//	//	//	//	//	//	//
//	//	//	//	//	//	//	//	//	//
16 25	//	//	16	16	767 5	//	//	767	768
//	//	17 25	//	//	//	//	766 2	//	//
//	//	//	//	//	//	//	//	//	//
//	//	//	//	//	//	//	//	//	//
//	//	//	//	//	//	//	//	//	//
16 2	//	17	16	14	763 2	//	762 1	761 8	762 14
//	//	//	//	//	//	//	//	//	//
//	//	//	//	//	//	//	//	//	//
15	16	//	15	//	762 8	763 5	//	760	//
//	//	//	//	//	//	//	//	//	//
//	//	//	//	//	//	//	//	//	//
//	//	//	//	//	//	//	//	//	//
//	//	//	//	//	//	//	//	//	//
//	//	//	//	//	//	//	//	//	//
//	//	//	//	//	//	//	//	//	//
18	//	17	//	15 5	765 5	//	755 2	//	759
//	//	//	//	//	//	//	//	//	//
//	//	//	//	//	//	//	//	//	//
//	//	//	//	//	//	//	//	//	//
//	//	//	//	//	//	//	//	//	//
//	//	//	//	//	//	//	//	//	//
16	15 5	//	//	16	761	761 5	//	//	762 5
//	//	//	//	//	//	//	//	//	//
//	//	//	//	//	//	//	//	//	//
//	//	//	//	//	//	//	//	//	//

DATES.	LOCALITÉS.	HEURES.	THERMOMÈTRE FRONDE.	BAROMÈTRE ANÉROÏDE.	OBSERVATIONS GÉNÉRALES.
		h. m.	degrés.	millim.	
4 avril..	Sar Ouadi Kabao.......	3 00 s.	25 5	727	//
5 avril..	Nalout (750m)..........	8 00 m.	12	708	Ciel limpide.
Idem....	*Idem*.................	9 00 m.	12 5	706 5	Vent frais d'Est.
Idem....	*Idem*.................	11 00 m.	15 5	707	//
Idem....	*Idem*.................	4 00 s.	20 5	706 8	Ciel limpide.
6 avril..	*Idem*.................	6 00	9 5	707 2	Pluie. Vent d'Ouest.
Idem....	Dans le Ouadi Nalout (350m alt.)..........	10 45	16 2	726	//
Idem....	*Idem*.................	11 45	16 2	727	//
Idem....	Kan Mahmoud (700m)...	3 00	17	712	//
Idem....	*Idem*.................	5 00	13 5	710	//
7 avril..	*Idem*.................	5 30 m.	4 5	709	Ciel limpide.
Idem....	Hauts plateaux entre Nalout et Djado.	7 15	10 5	711 8	//
Idem....	*Idem*.................	9 00 m.	16 5	707 5	Vent Ouest.
Idem....	*Idem*.................	11 00 m.	20	706 2	*Idem*.
Idem....	*Idem*.................	12 00	20 5	707	*Idem*.
Idem....	Dans le Ouad Kabao (400m alt.).	3 30 s.	19 5	706 5	Vent Ouest.
Idem....	Kabao..................	5 30 s.	19 5	707 5	//
Idem....	*Idem*.................	6 30 s.	17	707 7	//
8 avril..	*Idem*.................	6 45 s.	10 2	707	Ciel limpide.
Idem....	Hauts plateaux (continuation).	9 00 m.	14 2	703 8	Vent du Nord.
Idem....	*Idem*.................	10 30 m.	20	706 5	*Idem*.
Idem....	*Idem*.................	12 00	19 5	706 5	Vent Ouest.
Idem....	*Idem*.................	2 00 s.	19 8	706 5	Vent du Nord.
Idem....	*Idem*.................	3 00 s.	18 5	706 5	//
9 avril..	*Idem*.................	6 15 m.	21	705 5	Ciel limpide. Pas de vent.
Idem....	*Idem*.................	9 00 m.	16	711	Vent Ouest.
Idem....	*Idem*.................	10 40 m.	21	706	Vent du Sud.
Idem....	*Idem*.................	12 00	24	706	//
10 avril.	Kasr Djado (750m)......	6 15 m.	17	698 5	Vent violent du S. O. et O. Ciel limpide.
Idem....	*Idem*.................	9 00 m.	21	699	*Idem*.
Idem....	*Idem*.................	1 00 s.	20 5	699 5	Vent complètement tombé.

INSTRUMENTS TÉMOINS À TRIPOLI DE BARBARIE.

THERMOMÈTRE FRONDE N° 14820.					BAROMÈTRE NON NUMÉROTÉ.				
9 HEURES matin.	12 HEURES.	3 HEURES soir.	6 HEURES soir.	9 HEURES soir.	9 HEURES matin.	12 HEURES.	3 HEURES soir.	6 HEURES soir.	9 HEURES soir.
degrés.	degrés.	degrés.	degrés.	degrés.	millim.	millim.	millim.	millim.	millim.
//	//	//	//	//	//	//	//	//	//
15 5	//	//	16 5	15 5	763 5	//	//	763 5	764 5
//	//	//	//	//	//	//	//	//	//
//	//	//	//	//	//	//	//	//	//
//	//	//	//	//	//	//	//	//	//
15 5	//	17	16	16	763	//	762 25	761 5	762
//	//	//	//	//	//	//	//	//	//
//	//	//	//	//	//	//	//	//	//
//	//	//	//	//	//	//	//	//	//
//	//	//	//	//	//	//	//	//	//
16	//	16	16	15 75	762 5	//	761 75	762	763
//	//	//	//	//	//	//	//	//	//
//	//	//	//	//	//	//	//	//	//
//	//	//	//	//	//	//	//	//	//
//	//	//	//	//	//	//	//	//	//
//	//	//	//	//	//	//	//	//	//
//	//	//	//	//	//	//	//	//	//
//	//	//	//	//	//	//	//	//	//
14 5	17 2	17	//	16 5	762 5	761	759 5	//	758
//	//	//	//	//	//	//	//	//	//
//	//	//	//	//	//	//	//	//	//
//	//	//	//	//	//	//	//	//	//
//	//	//	//	//	//	//	//	//	//
//	//	//	//	//	//	//	//	//	//
17	17	17	//	16 5	756	757	757 5	//	759 5
//	//	//	//	//	//	//	//	//	//
//	//	//	//	//	//	//	//	//	//
//	//	//	//	//	//	//	//	//	//
16	17	17 5	//	17	759	757 5	755 5	//	759 5
//	//	//	//	//	//	//	//	//	//
//	//	//	//	//	//	//	//	//	//

DATES.	LOCALITÉS.	HEURES.	THERMOMÈTRE FRONDE.	BAROMÈTRE ANÉROÏDE.	OBSERVATIONS GÉNÉRALES.
		h. m.	degrés.	millim.	
10 avril.	Kasr Djado (750^m)......	4 30 s.	17	698 8	//
11 avril.	Djado (750^m).........	7 45 m.	11	698 3	Ciel nuageux. Vent violent par sautes brusques.
12 avril.	Zenthan (700^m).........	6 00 m.	8 8	701	Temps calme. Soleil.
Idem....	Ruines rom. de Zenthan..	7 30 m.	11 5	702	//
Idem....	Plateaux (*suite*).........	12 20	16 5	701 5	Léger vent du Nord.
Idem....	*Idem*................	3 15 s.	15 6	709	//
13 avril.	Yffren (750^m)..........	//	//	//	//
14 avril.	*Idem*................	9 45 m.	17 5	702 6	Pas de vent. Ciel clair.
Idem....	*Idem*................	10 30 m.	18	690 6	//
15 avril.	Kikela (700^m)..........	7 15 m.	11 5	690	Ciel couvert. Vent violent du Sud (Guiblé).
Idem....	Au pied de la falaise (350^m).	9 45 m.	26 8	718	Ciel clair. Pas de vent.
Idem....	Oasis de Rabta.........	12 15	27 8	727 8	Ciel voilé par brume.
Idem....	Hauts plateaux..........	3 25 s.	25 5	690	//
Idem....	*Idem*................	5 30 s.	19 5	687 5	//
16 avril.	Djendouba..............	7 30 m.	10 2	688	Brouillards intenses.
Idem....	*Idem*................	11 00 m.	17 2	692	Ciel limpide. Vent O.
Idem....	Hauts plateaux..........	3 45 s.	20 5	694	//
Idem....	Hauts plateaux (Skiffa)...	4 30 s.	20 5	666	//
17 avril.	*Idem*................	6 15 m.	10	699	Ciel limpide.
Idem....	*Idem*................	9 15 m.	21	707	//
Idem....	Hauts plateaux (Chnéga)..	11 00 m.	24 5	713 5	//
Idem....	*Idem*................	3 30	26 5	712 5	//
18 avril.	Mizda..................	6 15 s.	25 5	715	Vent du Sud.
19 avril.	*Idem*................	6 00 m.	12	719 5	Vent O. assez violent.
Idem....	Dans le Soffedjin........	9 00 m.	15	721	//
Idem....	*Idem*................	11 15 m.	20	727	//
Idem....	Dans le Soffedjin (puits de Misma).	5 20 s.	19 2	732	//
20 avril.	*Idem*................	9 00 m.	9 5	735	//
Idem....	Dans le Soffedjin (route du Fezzan).	9 30 m.	14	735 5	//
Idem....	*Idem*................	10 30 m.	22 5	736	//
Idem....	*Idem*................	12 00	19 5	737	//

INSTRUMENTS TÉMOINS À TRIPOLI DE BARBARIE.

THERMOMÈTRE FRONDE N° 14820.					BAROMÈTRE NON NUMÉROTÉ.				
9 HEURES matin.	12 HEURES.	3 HEURES soir.	6 HEURES soir.	9 HEURES soir.	9 HEURES matin.	12 HEURES.	3 HEURES soir.	6 HEURES soir.	9 HEURES soir.
degrés.	degrés.	degrés.	degrés.	degrés.	millim.	millim.	millim.	millim.	millim.
″	″	″	″	″	″	″	″	″	″
16	16	16 75	16	14	761 8	762	762	762	763
16	16 5	16 75	″	15	762	761 2	760 5	″	761 5
″	″	″	″	″	″	″	″	″	″
″	″	″	″	″	″	″	″	″	″
″	″	″	″	″	″	″	″	″	″
16	″	″	″	15 5	761	″	″	″	758
17	″	17	17	″	756	″	754 8	756	″
″	″	″	″	″	″	″	″	″	″
16	17 3	17	17	″	761 25	761	761 8	762	″
″	″	″	″	″	″	″	″	″	″
″	″	″	″	″	2	″	″	″	″
″	″	″	″	″	″	″	″	″	″
″	″	″	″	″	″	″	″	″	″
15 5	17 2	17 5	″	15	762 75	762 75	761 5	″	761 2
″	″	″	″	″	″	″	″	″	″
″	″	″	″	″	″	″	″	″	″
″	″	″	″	″	″	″	″	″	″
18	18	21 5	″	18	758 25	757 2	755	″	754 5
″	″	″	″	″	″	″	″	″	″
″	″	″	″	″	″	″	″	″	″
″	″	″	″	″	″	″	″	″	″
16	16 8	17	16 5	″	763	764	763 5	764 2	″
″	17	″	″	″	″	765 5	″	″	″
″	″	″	″	″	″	″	″	″	″
″	″	″	″	″	″	″	″	″	″
″	″	″	″	″	″	″	″	″	″
18	″	18	18	17	765 8	″	755 7	757 2	757
″	″	″	″	″	″	″	″	″	″
″	″	″	″	″	″	″	″	″	″
″	″	″	″	″	″	″	″	″	″

DATES.	LOCALITÉS.	HEURES.	THERMOMÈTRE FRONDE.	BAROMÈTRE ANÉROÏDE.	OBSERVATIONS GÉNÉRALES.
		h. m.	degrés.	millim.	
20 avril.	Dans le Soffedjin (route de Fezzan)............	2 45 s.	* 20	738	"
Idem....	Dans le Soffedjin (Tininaï).	6 30 s.	19 5	740 5	"
21 avril.	*Idem*.................	6 30 m.	12 5	739	"
Idem....	Soffedjin (*suite*).........	9 00 m.	17 5	746	Vent léger. Ciel voilé.
Idem....	*Idem*.................	6 00 s.	26	742	"
22 avril.	*Idem*.................	7 00 m.	16 5	742	"
Idem....	*Idem*.................	9 00 m.	18 3	739 5	"
Idem....	*Idem*.................	11 25 m.	21	732	Fort vent Sud. Pluie. Temps sombre.
Idem....	*Idem*.................	3 15 s.	25	734 5	"
22 avril.	Orfella...............	9 00	(1)	738	Vent affreux. Pluie.
24 avril.	*Idem*.................	"	"	"	Vent du N. O. violent.
25 avril.	*Idem*.................	5 00	"	735	Ciel limpide. Vent tombé.
Idem....	Ouadi Soffedjin.........	5 45	"	745	"
26 avril.	*Idem*.................	5 00	"	744	Quelques nuages. Fort vent du S. O. toute la journée.
Idem....	Ouadi Acrima..........	8 45	"	740	"
27 avril.	Ouadi Tassa...........	"	"	"	Tempête affreuse durant toute la nuit.
28 avril.	Ouadi Zenzem..........	6 00	"	746	Ciel limpide.
29 avril.	Ghirza................	"	"	"	"
30 avril.	*Idem*.................	8 30	"	749	"
1er mai..	Ouadi Zenzem et Nefed...	"	"	"	"
2 mai...	*Idem*.................	7 45	"	745 8	"
3 mai...	Soffedjin.............	"	"	"	"
4 mai...	O. Merdoum...........	5 00	"	752	"
5 mai...	Misrata..............	1 30	"	750	"
6 mai...	Misrata (côte).........	"	"	"	"
7 mai...	*Idem*.................	"	"	"	"
8 mai...	*Idem*.................	"	"	"	"
9 mai...	*Idem*.................	"	"	"	"

(1) Le dernier thermomètre fronde s'est brisé.

INSTRUMENTS TÉMOINS À TRIPOLI DE BARBARIE.

THERMOMÈTRE FRONDE N° 14820.					BAROMÈTRE NON NUMÉROTÉ.				
9 HEURES matin.	12 HEURES.	3 HEURES soir.	6 HEURES soir.	9 HEURES soir.	9 HEURES matin.	12 HEURES.	3 HEURES soir.	6 HEURES soir.	9 HEURES soir.
degrés.	degrés.	degrés.	degrés.	degrés.	millim.	millim.	millim.	millim.	millim.
″	″	″	″	″	″	″	″	″	″
″	″	″	″	″	″	″	″	″	″
18	″	″	25	19 5	756	″	″	752	752 2
″	″	″	″	″	″	″	″	″	″
″	″	″	″	″	″	″	″	″	″
17 5	19	19	″	″	752 75	753	752 5	″	″
″	″	″	″	″	″	″	″	″	″
″	″	″	″	″	″	″	″	″	″
″	″	″	″	″	″	″	″	″	″
20	″	20 5	″	″	751	″	750	″	″
17 5	″	″	20	19 5	760 2	″	″	760	760 75
17	″	″	″	18 5	760	″	″	″	749
″	″	″	″	″	″	″	″	″	″
18	″	″	″	17	751 5	″	″	″	759 25
″	″	″	″	″	″	″	″	″	″
17	18	19	″	″	760 5	760 5	759 5	″	″
17	″	″	″	18	762	″	″	″	764 75
20	18 5	19 5	″	18 5	765 5	765 25	763 75	″	764
19	″	20	″	20	763	″	761 75	″	765
20	20	20	20 5	20 5	758 5	757 5	755 5	754 5	754
18	19	19 5	″	19	760	761	761 25	″	762
19 5	″	20	20	20	761 5	″	760	759	759
20	20 5	20 75	″	21	758 25	757	756 25	″	755
21	″	21	″	″	756	″	756	″	″
19 5	20 9	21	″	″	755	754 8	754	″	″
20 5	21	21	″	″	759	759	758	″	″
20 5	20 5	21 5	″	″	758	758	757 5	″	″
19	″	20 5	″	″	767	″	766 5	″	″

TROISIÈME PARTIE.

GÉOGRAPHIE.

Les résultats des recherches géographiques, pendant la mission en Tripolitaine, sont, je crois, les plus importants, après l'archéologie.

Tous les géographes savent que, pour cette partie de l'Afrique, on ne possédait jusqu'ici que des notions de détail, trop rares et trop sporadiques. Quelques-uns de ceux qui ont essayé de reconstituer l'ensemble de la région ont émis des hypothèses erronées. Ils ont été induits en erreur par les voyageurs, dont certains se sont fait une idée fausse de la structure générale du vilayet, c'est-à-dire de l'espace compris entre le littoral, l'Erg et la Hamada. Ce n'est pas la faute de ces voyageurs, qui tous ont laissé des noms retentissants dans l'histoire des explorations (Barth, Nachtigal, Rolhfs, etc.), ce n'est pas leur faute s'ils se sont fait une idée si inexacte des mouvements du sol. Tout autre qu'eux aurait commis les mêmes errements. Cela tient à ce que les grandes lignes directrices de la tectonique de la Tripolitaine sont toutes dans le sens des latitudes, parallèlement au littoral, ce que l'on ne peut constater qu'en parcourant le vilayet de l'Est à l'Ouest, ou inversement. Or les explorateurs qui m'ont devancé ont tous traversé la Tripolitaine du Nord au Sud (ou dans le sens inverse), très rapidement, avec la préoccupation de découvertes beaucoup plus lointaines. Ils se sont ainsi heurtés à des saillies qu'ils ont prises pour des montagnes, alors qu'il n'y a pas une seule montagne dans la Tripolitaine proprement dite.

Ce qu'ils prenaient pour telles ne sont que des falaises ininterrompues, courant parallèlement au littoral, depuis la frontière tunisienne jusqu'à la Grande-Syrte. Et ces falaises sont les tranches verticales d'un plateau très uni qui fait de ce vilayet une des contrées les plus simples sous le rapport orographique. La Tripolitaine n'est qu'un plateau uniforme, dominant le palier maritime de la Djeffara par une falaise abrupte. Les chaînons que l'on croit apercevoir dans l'intérieur de ce plateau ne sont aussi que d'autres falaises, parallèles à la première, qui obligent les ouadis transversaux (Soffedjin, Zemzem, etc.) à ne pas descendre l'insensible pente vers le Sud et à donner la préférence à une autre pente encore plus insensible, celle qui incline le plateau vers l'Est. Vers le Sud, derrière chacune des falaises, les hautes terres reprennent leur uniformité plane, de sorte qu'une coupe Nord-Sud donnerait à peu près le profil en dents de scie suivant :

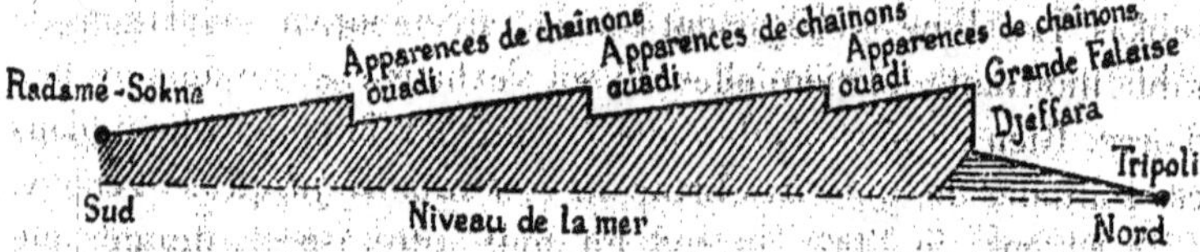

Comme je l'ai dit plus haut, pour constater ces faits, il était nécessaire de parcourir le vilayet dans le sens des latitudes, et c'est précisément la chance que j'ai eue de pouvoir le faire qui m'a rendu plus heureux que des devanciers plus compétents.

Ce rapport comprend quatre paragraphes :

1° Le littoral et ses oasis ;

2° La plaine désertique et maritime, ou Djeffara ;

3° La grande falaise parallèle au littoral et sa zone étroite d'érosions ;

4° Le grand plateau tripolitain.

1° LE LITTORAL ET SES OASIS.

Le littoral tripolitain, depuis la frontière de Tunisie jusqu'à la Grande-Syrte, se déroule sans échancrure importante, car on ne peut donner ce nom aux très mauvaises rades ouvertes de Tripoli et de Khoms. Une ligne de dunes basses court tout le long du rivage sablonneux, variant sa hauteur entre 10 mètres et 30 mètres, et sa largeur, de 100 mètres à 200 mètres. Derrière cette étroite barrière, le terrain s'abaisse de nouveau, presque au niveau de la mer.

De Zouara (frontière tunisienne) jusqu'à l'oasis d'Abou Adjila, la ligne des dunes sépare la plage d'une série de sebkas desséchées, autrefois salines célèbres. Ces salines sont recouvertes de touffes d'herbes drues entre lesquelles on chemine comme dans les sentiers d'un parc très soigné. Ces sentiers, en effet, sont la partie apparente d'un sol uni comme une glace. Le pays, entièrement désert, a un aspect fort triste.

A partir d'Abou-Adjila, les dunes gardent les mêmes proportions mais elles commencent à abriter un chapelet d'oasis qui se suivent jusqu'à Tripoli et même jusqu'à Tadjourha, avec des interruptions plus ou moins grandes.

De Tadjourha à Khoms [1], c'est de nouveau le désert, sans les sebkas. Les dunes s'élargissent considérablement en ondulations de sable mouvant ; derrière elles, le sol s'exhausse et produit un peu d'orge. Rien de plus pénible que la route de Tripoli à Khoms dans ces solitudes de sable très blanc où l'on enfonce jusqu'aux genoux.

A Khoms, le littoral prend un tout autre aspect, durant une dizaine de kilomètres. La plage est immédiatement dominée par des collines de 300 mètres : c'est un contrefort du plateau de Tarhouna qui aboutit là. De Khoms à Misrata, les dunes recommencent. En arrière, elles abritent deux immenses oasis, celle de Zlitten et celle de Misrata. Puis, à Misrata, la côte tourne au Sud pour englober l'ancienne lagune du Taorgha, aujourd'hui desséchée. Un étroit cordon de dunes sépare la mer de cette plaine concave.

Ainsi, rien ne rompt la monotonie du tracé de ce littoral si inhospitalier pour la navigation ; partout du sable et des bas-fonds qui obligent les navires à passer au large. La seule rade que cette côte dessine nettement, la petite échancrure de Tripoli, n'est qu'un abri insuffisant, d'où les bateaux sont fréquemment obligés de sortir en hiver sans avoir pu débarquer ni passagers, ni marchandises.

La série d'oasis qui s'échelonnent derrière les dunes n'est qu'un étroit et intermittent rideau de verdure entre la mer et les déserts de la Djeffara. Sans doute, la plupart de ces oasis sont belles et prospères, mais leur superficie est tout à fait négligeable, si on la compare à celle des terrains désertiques, en arrière. Les auteurs, les italiens surtout, qui vantent la prospérité de ces terres basses, ont été induits en erreur par des excursions trop courtes. De ce qu'on leur permettait de voir aux environs immédiats de Tripoli ou de Misrata, ils ont déduit prématurément que toute la Djeffara était fertile. C'est absolument faux : le total des terrains ombragés par des palmiers ou recouverts d'une végétation quelconque ne constitue pas la millième partie des déserts environnants.

[1] Homsk est une forme populaire. L'orthographe correcte est « Khoms » comme me l'a fait remarquer M. Clermont Ganneau.

Citons ces oasis maritimes[1] :

Oasis de Zouara. — Palmiers plantés dans le sable blanc, comme des plumeaux dans de la poudre de riz. Ces plantations, entourées d'autres bosquets dont le total abrite à peine un millier de personnes, mesurent environ 3 kilomètres de l'Est à l'Ouest et 1 kilomètre d'épaisseur. Les Turcs y entretiennent un kaïmakan, à cause de la frontière.

Oasis d'Abou Adjila. — Série de bosquets et de champs d'orge qui s'étendent sur 7 à 8 kilomètres le long du littoral et qui remontent jusqu'à 5 ou 6 kilomètres dans l'intérieur des terres. Siège d'un kaïmakan, à cause d'une certaine importance en céréales.

Oasis de Zavia. — Très verdoyante. Environ 6 kilomètres de diamètre. Palmiers très beaux. Arbres fruitiers. Champs d'orge et de légumes. La population est estimée à 3,000 individus. C'est un des principaux kaïmakanats du vilayet occidental.

Oasis de Djedjaim. Mayat. Sayat. — Elles sont à peine séparées entre elles par des intervalles de 1 ou 2 kilomètres. Plus petite mais aussi fertile que la précédente, chacune d'elles renferme 1,200 à 1,500 habitants.

Oasis de Zenzour. — Une des plus verdoyantes de la Tripolitaine. Environ 4,000 habitants. Nombreux puits, dont l'eau est renommée. Les cultivateurs luttent contre l'invasion des sables d'alentour.

Oasis de Tripoli. — Elle est trop connue pour que nous en parlions ici. D'après mes calculs, le nombre des habitants dépasserait 15,000 et doublerait ainsi la population de Tripoli.

Oasis de Tadjourha. — Sous ce nom, on groupe une série de palmeraies ininterrompues depuis la Mechya de Tripoli jusqu'au cap Tadjourha. C'est certainement l'ensemble le plus compact de la végétation du littoral, celui qui a le plus contribué à tromper

(1) Voir la carte, pl. V.

les apologistes de la Tripolitaine. Les arbres croissent jusqu'au bord de la mer, sur les dunes mêmes et ombragent souvent la plage. Il serait difficile d'évaluer la population dans ce dédale de bosquets qui s'étend sur une quinzaine de kilomètres, mais cette population est certainement très dense et plus active qu'ailleurs.

Oasis de Khoms. — Je signale pour mémoire seulement ce jardinet insignifiant ainsi que ceux qui se hérissent aux embouchures des ouadi entre Tadjourha et Khoms. Ces derniers surtout sont de misérables touffes, non habitées, dont les Arabes du Tarhouna viennent faire la cueillette une fois par an.

Oasis de Zlitten. — C'est, avec celui de Misrata, la plus vaste oasis isolée. Elle mesure une vingtaine de kilomètres, le long de la côte, et commence à 2 ou 3 kilomètres en arrière des dunes. J'estime sa population à 20,000 habitants au minimum, dont 6,000 pour le chef-lieu (Zletten) qui se trouve au centre de l'oasis. Cette population a fort mauvaise réputation et ses voisins craignent son esprit perfide autant que sa méchanceté proverbiale.

Oasis de Misrata. — A peu près même étendue que la précédente; un peu plus peuplée. Le chef-lieu (Misrata) compte 9,000 habitants. L'emplacement de cette ville a été choisi, très malencontreusement, à 10 kilomètres de son port, où les navires italiens font des escales régulières depuis quelque temps. Il en résulte que Misrata ne profite pas des nouveaux avantages de la navigation. Les Turcs entretiennent un kaïmakan, qui est considéré comme le plus important de ce grade avec celui de Zlitten.

A partir de Misrata, il n'y a plus d'oasis dignes de mention jusqu'au petit port syrtique de Seurt.

En résumé, le cordon d'oasis maritimes se compose de trois tronçons :

1° De Abou-Adjila (ou Sabria) à Tadjourah.
2° Zlitten.
3° Misrata.

En tout, il se déroule sur la sixième partie du littoral environ.

2° PLAINE DÉSERTIQUE ET MARITIME.

(DJEFFARA.)

C'est une sorte de palier entre la mer et les hautes terres de l'intérieur. Mais ce palier n'est pas horizontal : il monte insensiblement depuis le rivage de la Méditerranée jusqu'au pied de la grande falaise. Les cotes que j'ai prises au bas de cette falaise ont accusé 300 mètres en moyenne devant le Nefoussa.

Il s'en faut aussi que la Djeffara ait la même largeur sur toute l'étendue du vilayet. Séparée du littoral par une centaine de kilomètres sur la frontière de Tunisie, elle se rétrécit à mesure qu'on avance vers l'Est, jusqu'à disparaître tout à fait vers Misrata. En effet, la bordure septentrionale des hautes terres tripolitaines empiète progressivement sur elle à mesure qu'elle se déroule vers l'Est. Elle l'entame même jusqu'au rivage par la saillie du Tarhouna, à Khoms.

La Djeffara est en général un désert légèrement plissé par des dunes intérieures, parallèles au rivage, dans lesquelles j'ai cru reconnaître d'anciens cordons littoraux. Un sable jaune la recouvre partout. Dans les bas-fonds, l'eau qui a séjourné après les pluies fait croître des touffes de lentisques et d'herbes ligneuses. Quelques champs d'orge sporadiques peuvent y être cultivés en de rares endroits, après les saisons exceptionnellement pluvieuses. Ces champs se trouvent plus particulièrement au pied de la grande falaise du plateau intérieur. Là, une zone de pierres, entraînées au bas du plateau par les eaux anciennes, forme une première ligne tout à fait aride. Puis, succèdent, au Nord, des étendues parfois fertilisées par les eaux des ravins du plateau parce que c'est là que les ouadi intermittents viennent mourir.

Aucun de ces ouadi du Nefoussa et des Gariana ne dépasse 10 à 12 kilomètres de parcours en plaine. Nulle part, au Nord de cette zone, on ne trouve trace, dans la Djeffara occidentale, de ces sillons continus dont les cartes ornent la Tripolitaine. Il faut aller jusqu'à hauteur du Tarhouna pour trouver un peu d'eau dans les sillons de la plaine. Là, en effet, les hautes terres se sont assez rapprochées du littoral pour que les filets d'eau qu'elles déversent arrivent à la mer avant d'être absorbés entièrement par le sol.

Quelques-uns même, comme les ouadi Ramel et Msid, sont humides toute l'année.

Les puits épars et rares de la Djeffara prouvent qu'il existe une nappe souterraine correspondant à peu près à toute son étendue. Le débit des ouadi des hautes terres est trop minime pour qu'on lui attribue l'alimentation de cette nappe. Peut-être faut-il y voir une infiltration très lointaine, provenant du Soudan même, par la pente de strates (imperméables et sous-jacentes) vers la mer. En tout cas, les pluies tombées sur le Nefoussa et le Gariana, c'est-à-dire sur l'étroite bordure septentrionale qui penche vers le Nord, ne peuvent fournir une pareille quantité d'eau souterraine.

Cette surface djeffarienne souffre deux exceptions dans sa régularité de plaines très faiblement ondulées : la colline d'*El-Kedoua*, à 40 kilomètres Sud de Tripoli, et les hauteurs de *Djeda*, à 10 kilomètres Nord de Kabao. Ces deux exceptions, dominant isolément la plaine à 50 mètres de hauteur, ont des stratifications qui remontent du Nord au Sud, en sens inverse des stratifications du grand plateau central. Elles semblent être des *témoins* de l'ancienne structure sur le versant septentrional dont l'arête, aujourd'hui disparue, aurait été beaucoup plus au Nord que celle de la falaise actuelle.

Le schéma suivant donnera une idée plus saisissante de notre hypothèse :

C'est d'ailleurs une configuration analogue à celle qui a été signalée en Tunisie par M. le capitaine de Larminat.

A mesure que la Djeffara va en se rétrécissant vers l'Est, sa limite au pied de la falaise diminue d'altitude. Nous avons vu qu'elle était à 300 mètres au-dessus de la mer, au bas du Nefoussa. Elle ne mesure plus que 100 mètres au Sud de Tadjourha et elle arrive au niveau marin à Misrata.

En résumé, la Djeffara est un plan incliné, qui monte de la mer à la grande falaise et qui, en même temps diminue de largeur de l'Ouest à l'Est.

3° LA GRANDE FALAISE ET LA ZONE D'ÉROSION.

Lorsqu'on s'éloigne du littoral et qu'on avance vers le Sud, on ne tarde pas à voir l'horizon barré partout par une ligne de hauteurs dominant brusquement la Djeffara. Puis, on distingue une falaise verticale, dont les stratifications (d'une horizontalité apparente) frappent par leur régularité. La crête de cette muraille surplombe de 300 à 350 mètres sa base. Elle est continue depuis Nalout (à la frontière tunisienne) jusqu'à l'extrémité orientale des Gariana. Cette base, comme la Djeffara dont elle marque la limite, se rapproche du littoral en avançant de l'Ouest à l'Est. A Nalout, sa distance du rivage mesure 120 kilomètres; aux Gariana, elle n'est plus que de 80 kilomètres. Puis, elle s'abaisse et se rapproche davantage jusqu'à mourir à Misrata, après avoir projeté sur Khoms le contrefort du Tarhouna.

La crête de cette falaise se trouve en moyenne à 650 mètres au-dessus de la mer dans le Nefoussa et les Gariana. Au-dessous de cette crête en apparence horizontale, les stratifications se maintiennent horizontales aussi, sur tout le déroulement de la muraille, avec une telle régularité d'épaisseur qu'un topographe pourrait les prendre pour les lignes équidistantes de son tracé altimétrique. Mais il s'en faut que cette muraille soit intacte : les eaux l'ont profondément érodée en divers points, comme Nalout, Kabao, Djado, Yffren, Kikla, Gariana (pl. V). Elle s'ouvre ainsi en un dédale de ravins profonds et sinueux qui ont sculpté le plateau, le long de sa bordure septentrionale, sur une épaisseur variant de 12 à 15 kilomètres.

Ensuite le plateau commence et s'étend uniformément vers le Sud. C'est à la zone déchiquetée que les indigènes ont donné le nom de Djebel, parce qu'elle en a en effet l'aspect. Creusée de ravins, fouillée en pics isolés et en éperons, cette bordure vermoulue du grand plateau central est aussi mouvementée que de vraies chaînes de montagnes et la brusquerie avec laquelle elle domine les terres basses de la Djeffara augmente encore l'illusion.

Les crevasses de cette zone sont les réceptacles des ouadi qui vont mourir dans la Djeffara, à 10 ou 12 kilomètres de la falaise. Il en résulte que ses débouchés dans la plaine se hérissent parfois de petites oasis, comme celles de Tiji, de Djoch, de Cheikchouk et de Rabta. A la partie supérieure, au contraire, ces ravins disparaissent pour faire place à de larges vallées qui produisent de l'orge, des oliviers et des figuiers, comme à Djado, à Zenthan, à Yffren, à Kikla et à Gariana.

Ainsi la bordure tourmentée du grand plateau constitue une deuxième ligne de végétation, parallèle (ou à peu près) à celle des oasis de la mer.

L'échancrure principale, celle de Kikla, profonde de 10 kilomètres, du Nord au Sud, et large de 3 à 4 kilomètres, sert de séparation entre le Djebel Nefoussa et le Djebel Gariana. Ces deux zones n'ont aucune différence de structure, ni d'aspect, mais elles se caractérisent par deux populations presque étrangères l'une à l'autre : dans le Nefoussa, les Berbères purs, d'une branche apparentée aux Rhadamésiens et aux Mzabites; dans les Gariana, des Arabes mêlés de sang berbère, moins grands, moins vigoureux et moins farouches que les précédents. C'est dans le Nefoussa que les Turcs ont trouvé la plus vive résistance, pendant leur conquête des hautes terres, vers 1850.

Citons, outre les échancrures dont nous avons parlé plus haut, les suivantes qui donnent toutes naissance à un ouadi intermittent du même nom : (à partir de Nalout), Aouamed, Mejabra, Kabao, Farsetta, El Batha, Djoch, Slamatin, Ouamzireff, Rhebat, Gétal, Mastura, Djado. Nalout et Kabao sont les régions les plus tourmentées. Dans quelques-unes, le pic dominant est hérissé d'une curieuse citadelle berbère creusée dans le roc et criblée de trous qui font ressembler les ruelles étroites à des pigeonniers. Ces trous, hauts de 0 m. 50 et profonds de 2 mètres, sont les coffres-forts où chaque famille enfouit ses provisions alimentaires et où elle vient journellement chercher ses repas. Cette coutume qui remonte à la plus haute antiquité, et qui se perpétue sans nécessité aujourd'hui, malgré la tranquillité parfaite du pays, prouve jusqu'à quel point les Berbères se renferment dans l'isolement et se cramponnent à leurs traditions. Aussi les Turcs les surveillent-ils plus étroitement que les habitants des Gariana.

Dans le Gariana, on rencontre des Troglodytes comme à Nalout et à Zentan : tout le district en est peuplé, au point qu'on arrive au centre d'un chef-lieu sans apercevoir la moindre habitation.

En rasant sur le plateau la naissance des vallées qui se terminent en profonds ravins dans la zone déchiquetée, j'ai constaté que cette limite entre le djebel proprement dit et les étendues uniformes du plateau est la ligne de séparation entre le versant Nord et le versant Sud de la Tripolitaine. Ainsi la ligne marquée par Nalout, Djado, Zentan, Yffren, Kikla, Gariana et Misrata est la grande arête directrice de la structure tripolitaine.

En suivant cette arête sans interruption, j'ai remarqué aussi que la naissance de ces vallées se trouvait dans le prolongement des vallées descendant vers le Sud. Ainsi, à l'échancrure de Djado correspond l'origine de la haute vallée du Soffedjin; à Zentan, à Yffren et à Kikla, correspondent les origines d'affluents gauches de ce même Soffedjin. Je pense que ces tributaires du versant méridional, en usant l'épaisse couche dure des calcaires supérieurs, a déterminé l'érosion plus rapide du versant Nord, quand celle-ci s'est effectuée sur leur ancien champ d'action. La zone échancrée s'est formée plus rapidement et plus profondément, là où elle a trouvé le travail préparé, là où avaient disparu en totalité ou en partie les calcaires durs de la surface.

Je signale enfin les petits *cirques*, qui se trouvent aux débouchés des échancrures de Nalout et de Kabao. Le général de la Noé a donné une très ingénieuse explication de leurs formations pour les spécimens de la Tunisie, en tout semblables à ceux-ci. On retrouve ces cirques, ou collines dont le sommet est une cuvette, le long des falaises intérieures, dans les sillons du Soffedjin.

4° LE GRAND PLATEAU TRIPOLITAIN.

Nous avons dit que, sur toute sa largeur, de l'Ouest à l'Est, les plaines maritimes de la Tripolitaine étaient dominées par une muraille verticale adossée à une région de hautes terres. A mesure que l'on progresse vers le Sud, sur ces hautes terres, l'altitude baisse. Cette pente se trahit aux stratifications, dans les échancrures de la bordure septentrionale. Avec un niveau à lunette très précis, j'ai trouvé une inclinaison de $\frac{1}{1000}$ dans le ravin Nord-Sud de Nalout et dans le ravin, identiquement orienté, de Djado.

Les cotes trouvées à Sinaoun et Rhadamès, d'une part (450 mètres et 350 mètres), et celle des environs de Mizda et de Sokna, d'autre part (400 et 300 mètres), montrent que ce plateau s'incline à la fois vers le Sud et vers l'Orient.

J'ai sillonné ce plateau qui forme quadrilatère (Nalout, Misrata, Sokna, Rhadamès), suivant la diagonale Nalout-Sokna. Il ne présente d'autres saillies que les falaises auxquelles s'appuient les ouadi transversaux (Soffedjin, Zemzem, etc.). La plupart de ces ouadi ont ainsi leur rive droite dominée par une muraille à pic, tandis que leur rive gauche se perd dans l'uniformité du plateau. Quand on remonte le Soffedjin, sauf quelques exceptions où il forme chenal sur les deux rives, comme à Mizda, on trouve à sa gauche une falaise, tandis qu'à droite on ne remarque aucune dépression.

Ce sont ces falaises qui ont empêché les ouadi de se déverser vers le sud, suivant la ligne de plus grande pente et qui les ont forcés à se jeter dans l'ancienne lagune de Taorgha, sur la Grande-Syrte. Ce sont ces falaises également qui apparaissent comme des chaînons, lorsqu'on arrive par le Nord. En réalité il n'y a qu'une série de gradins parallèles, dont la coupe Nord-Sud figure des dents de scie, mais d'une scie inclinée vers le Sud.

J'ai suivi la limite de ce plateau sur la bordure orientale (Misrata-Sokna). La crête de ce côté n'a plus que 50 à 60 mètres. Elle domine la plaine de Taorgha et le désert syrtique. Les eaux anciennes ont donné une pente douce à cette tranche du plateau, parce que c'est de ce côté qu'elles ont porté tout leur travail de nivellement. Il se rattache au Taorgha et au désert de la Grande-Syrte par un versant de 45 degrés sur lequel s'ouvrent les larges sillons des ouadi Sassou, Merdoum, Nefed, Soffedjin, Zenzem.

Ces ouadi ne devraient pas porter le nom de fleuves. Ce sont des vallées dont un des versants, beaucoup plus court que l'autre, consiste tout entier en une falaise d'érosion. On en a une preuve saisissante quand on se rend d'Orfella à Sokna. D'Orfella, on descend insensiblement au thalweg du Soffedjin qui rase des falaises de 100 ou 150 mètres de hauteur, sur sa rive droite. On remonte alors très péniblement l'échancrure Nord-Sud formée par le ouadi Akrima, tributaire droit. Et l'on se trouve ensuite sur de nouvelles plaines. même opération, à partir de la naissance de la vallée Akrima : on recommence à descendre insensiblement jusqu'au Zemzem et on se heurte à une deuxième rangée de falaises sur la rive droite du ouadi. Ces plates-formes entre les deux ouadi sont creusées de profonds sillons, comme le o. Agerum, le o. Chdaff, le o. Sayed, le o. Tala, qui descendent au Zemzem.

Donc le vilayet de Tripoli se compose d'un vaste plateau qui s'appuie sur les basses terres maritimes et épouse les formes du littoral, du moins approximativement. Nous savons que ce plateau a une surface généralement plane et que ses grandes lignes directrices sont : la falaise du Nord ; la ligne de séparation des versants Nord et Sud, en arrière de la zone échancrée ; enfin les dépressions dont les ouadi Soffedjin, Zenzem, etc., marquent les thalwegs. Enfin toutes ces lignes directrices, falaises et thalwegs, sont dirigés de l'Ouest à l'Est et s'abaissent en approchant de la région syrtique.

Il nous reste à savoir comment ce quadrilatère de hautes terres se rattache à la Hammada, au Sud, et à l'Erg, à l'Ouest. C'est ce que nous tenterons de déterminer dans une prochaine exploration.

En résumé, il n'y a aucune chaîne de montagnes dans la Tripolitaine proprement dite. Nous nous trouvons seulement avoir à faire à l'extrémité bien humble du grand soulèvement de l'Atlas, qui meurt ici en une terrasse monotone, en un désert plane et pierreux dont les ouadi constituent les seules lignes de végétation (orge). Encore ne se couvrent-ils de maigres céréales que dans la moitié inférieure. Le Soffedjin ne montre des cultures qu'après Mizda ; le Zemzem n'en possède qu'après Ghirza. Quant aux petits ouadi du Nord, le Nefed, le Merdoum ou Beni Oullid d'Orfella, le Mimoum et le Sassou, ils sont, ainsi que leurs affluents, d'assez jolis rubans de verdure, parfois ombragés de caroubiers.

Il était bien naturel qu'en parcourant rapidement cette contrée du Nord au Sud, on ne distinguât pas sa structure. Il a été facile de la découvrir en l'étudiant à l'aise, de l'Ouest à l'Est.

QUATRIÈME PARTIE.

GÉOLOGIE.

(Par M. Vélain, professeur à la Sorbonne.)

Les recherches géologiques de la mission, consistant non seulement en une récolte d'échantillons de roches faite sur demande et dans le but d'enrichir la collection du Muséum, mais dans le relevé de coupes, avec photographies à l'appui, sur des points convenablement choisis aussi bien de la grande falaise tripolitaine (*Djebel Néfoussa*) que dans l'intérieur du grand plateau désertique dont elle trace si vigoureusement la limite dans le Nord, ont cet intérêt de venir fournir sur la composition, jusqu'alors inconnue de cette plate-forme, une première série d'indications capables de diriger les études de détail futures.

Ce plateau marque le brusque relèvement vers le Nord, en face de Tripoli, d'une immense plate-forme crétacée dont sa prolongation en sens inverse, c'est-à-dire vers le Sud, forme le fond du désert lybique. On le savait essentiellement constitué par une puissante formation gréseuse, notamment dans le Sud où ces grès dits de Nubie parviennent à stériliser la grande Hamada el Homra; or dans le Nord, d'après les observations de la mission, cette condition se trouve réalisée par des calcaires.

Les coupes relevées, aussi bien dans les échancrures de la grande falaise tripolitaine que sur les parois des gorges profondes qui entament le plateau vers l'Est, en face de la Grande-Syrte, ont en effet révélé la présence, dans cette direction, d'un grand développement de formations de cette nature qui, d'après leur composition ainsi que leur situation, semblent devoir être considérées comme un faciès latéral des grès nubiens.

En voici du reste la description, accompagnée de la détermination des échantillons recueillis, faite par M. Stanislas Meunier, professeur au Muséum.

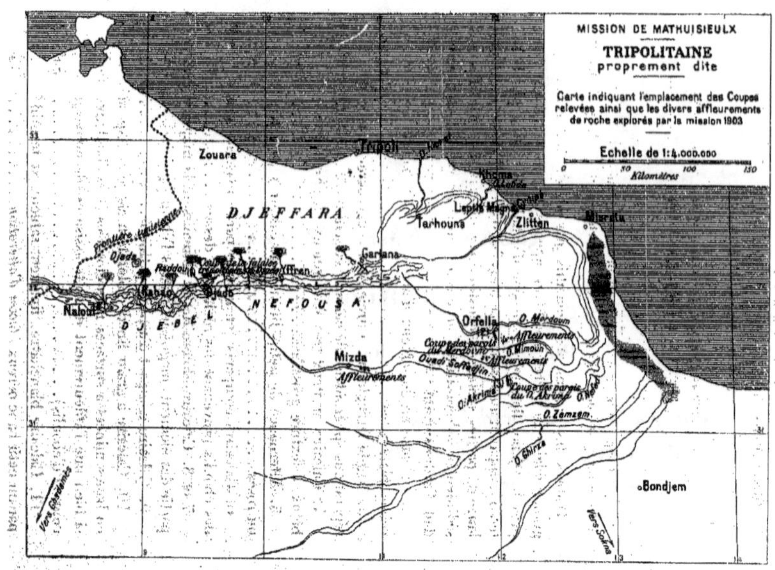
MISSION DE MATHUISIEULX
TRIPOLITAINE
proprement dite
Carte indiquant l'emplacement des Coupes relevées ainsi que les divers affleurements de roche explorés par la mission 1903
Echelle de 1:4.000.000
0
50
100
150
Kilomètres
Zouara
Tripoli
Khoms
Leptis Magna
Tarhouna
Zlitten
Misrata
DJEFFARA
Djado
Gariana
Yffren
Nalout
Kabao
DJEBEL NEFOUSA
Orfella
O. Merdoum
Affleurements
O. Mimoun
Mizda
Ouadi Soffedjin
O. Zemzem
O. Ghirza
Bondjem
Vers Ghadamès
Vers Sokna

DESCRIPTION DES COUPES RELEVÉES EN TRIPOLITAINE, PAR M. DE MATHUISIEULX.

(AVEC DÉTERMINATION DES ROCHES QUI S'Y RAPPORTENT, PAR M. STANISLAS MEUNIER.)

Coupe de la grande falaise tripolitaine, à Djado (Fossato), dans le ravin du ouadi Djinaoun. (Voir la carte ci-contre et les pl. I, II, III.)

D'après les documents recueillis par M. de Mathuisieulx, la grande falaise du Djebel tripolitain, après s'être présentée à la base, près de Djabo, flanquée d'un cône d'éboulis (1) [voir pl. III *bis*, fig. 3], apparaît au-dessus de ce talus fait d'un cailloutis calcaire mélangé de parties sableuses, constitué par une épaisse série d'assises sédimentaires dolomitisées ou calcaires et régulièrement superposées dans l'ordre suivant :

2. Calcaire argilo-sableux d'un jaune clair bariolé de veines blanchâtres .... 10 m.

3. Argile ferrugineuse durcie d'un rouge ocreux, avec séparations sphéroïdales de calcaire cristallin 8

4. Calcaire argileux très ferrugineux, légèrement sableux, à texture grossière 7

5. Alternance de petits lits marno-calcaires jaunâtres ou rosés 2

6. Calcaires compacts (en grande partie masqués par des éboulis provenant des roches du dessus) 88

7 et 8. Calcaires dolomitiques (fournissant la majeure partie des éléments magnésiens dans l'éboulis précité) 6

9. Calcaire compact d'aspect spathique 3

10. Calcaire à grain fin de coloration claire et disposé en bancs minces à surfaces mamelonnées (très ébouleux, si bien que l'affleurement de cette assise est de nouveau couvert d'éboulis) 81

11. Calcaire blanchâtre, finement sableux et terminé par un petit banc ocreux (*facies d'altération*) 35

12. Calcaire tendre, très blanc, prenant au sommet de la falaise un aspect crayeux 15

En raison de la superposition de cette zone de calcaires blancs crayeux, sur une assise très différenciée et dont le sommet durci présente des traces d'oxydation manifestes, il est vraisemblable d'admettre qu'une interruption dans la sédimentation s'est introduite entre ces deux dépôts, interruption pendant laquelle l'assise de base exposée à l'air y aurait été soumise aux phénomènes de rubéfaction superficielle habituels.

Ce serait l'indice en ce point d'une lacune stratigraphique; mais l'absence de toute trace de corps organisé fossile dans les couches en question ne permet pas d'en fournir la preuve.

Les coupes suivantes relevées plus au Sud, sur les flancs des profondes gorges que se sont entaillées, dans la masse même du plateau les ouadi *Akrima* et *Merdoum* offrent ensuite l'intérêt de montrer les différences qui s'introduisent dans la composition de cette plateforme près de sa terminaison orientale, en face de la Grande-Syrte.

Ses assises restent encore horizontales, mais elles sont faites de roches calcaires très différentes de celles observées dans la falaise du Nefoussa.

Comme couverture apparaissent aussi, à titre d'élément nouveau, des nappes de lave vraisemblablement issues de cônes volcaniques dont l'existence a, depuis longtemps, été signalée dans cette région.

Coupe des versants abrupts du couloir formé par le ouadi Merdoum à Orfella.

Ainsi se présentent à Orfella les gorges de l'ouadi Merdoum (pl. III *bis*, fig. 1). Au sommet, une nappe de lave noire, épaisse de 17 mètres, et de nature andésitique, avec vacuoles remplies de calcite ou de zéolithes diverses (n° 6), s'y montre superposée à une puissante formation de calcaires disposés par bancs épais, horizontaux, dans l'ordre suivant :

5. Calcaire noirâtre d'une grande finesse de grains à cassure esquilleuse, et se présentant, au microscope, chargé de foraminifères, tandis qu'une analyse chimique l'indique comme renfermant une forte proportion d'argile très noire. . . . . 7 m.
4. Calcaires blancs ou roses. 8
3. Calcaire blanc à silex noduleux. 3
2. Calcaire cristallin rubanné d'apparence concrétionnée. 5
1. Calcaire cristallin finement saccharoïde. 10

Coupe des parois abruptes de la gorge du ouadi Akrima à son confluent avec le Ouadi Soffedjin.

La coupe relevée au point même où l'ouadi Akrima vient déboucher dans l'ouadi Soffedjin offre, dans une nouvelle série d'assises calcaires, n'ayant de commun avec les précédentes que leur allure restée toujours tranquille, c'est-à-dire horizontale, la succession suivante (pl. III *bis*, fig. 2) :

1. Calcaire jaunâtre avec traces visibles de polypiers indiquant bien sa nature coralligène . . . . 12 m.

2. Calcaire caverneux offrant l'aspect d'une casgneule cristalline. 3

3 et 4. Calcaires tendres, très hétérogènes. 25

Uniformément blancs et friables à la base sur une épaisseur d'une dizaine de mètres (n° 3), ils deviennent ensuite jaunâtres ou rougeâtres, géodiques par places, terreux dans d'autres, sans rien gagner en cohérence (n° 4).

5. Couches terminales compactes de calcaires dolomitiques 20

Les collections de M. de Mathuisieulx renferment aussi un grand nombre d'échantillons recueillis à la surface du sol sur divers points de son itinéraire et annonçant, les uns par leur nature calcaire, dolomitique ou siliceuse (calcaires à silex blonds ou noirs) identique à celle des roches mises à jour par les profondes entailles des ouadi, combien est grande l'extension prise dans les plateaux de la Tripolitaine par ces formations; les autres, certaines particularités qui ne manquent pas d'intérêt.

Du nombre se présentent, sous le nom de *pierre de Cheikchouk*, une argile blanche compacte calcarifère, employée pour le blanchiment des constructions, et surtout les fragments d'albâtre gypseux recueillis dans le fond d'une des échancrures (*ouadi Kikla*) de la grande falaise de Djebel Nefoussa.

CINQUIÈME PARTIE.

SITUATION POLITIQUE, ÉCONOMIQUE ET COMMERCIALE.

Les rapports des consuls de Tripoli fournissent annuellement des renseignements sur la situation politique et économique de la Tripolitaine proprement dite. Nous ne donnerons donc ici que les documents recueillis par la mission, dans l'intérieur du pays, *où aucun Européen ne pénètre.*

Des deux races qui peuplent le vilayet, les Arabes et les Berbères, on connaît fort bien l'esprit résigné des premiers, qui ne donnent aucune inquiétude aux Turcs. A part de légères chicanes au moment de l'impôt, les descendants des conquérants des IXe et XIe siècles se sentent irrévocablement conquis par les Osmanlis et ne leur opposent d'autre obstacle que leur éternelle paresse à améliorer le sol. Mais il n'en est pas de même des descendants de ces Berbères de Rouma, qui au siècle dernier ont donné aux Turcs tant de peine pour conquérir leurs citadelles.

Nous savons déjà, par nos guerres d'Algérie, combien ces « montagnards » sont réfractaires à notre civilisation. Mais ceux des Nefoussa se distinguent de leurs congénères par un esprit encore plus farouche. De Nalout à Kikla, la zone déchiquetée, la bordure tourmentée du plateau tripolitain, est peuplée d'indigènes qui ont le culte de l'indépendance. Ayant résisté victorieusement, pendant dix siècles aux Arabes, sans se laisser entamer même par la moindre union matrimoniale, les Berbères purs espèrent toujours secouer le joug. Aussi sont-ils surveillés étroitement.

C'est pour mieux exercer cette surveillance qu'ont été établies à Nalout, à Djado, à Zentan, à Yffren, à Kikla, des forteresses modernes qui couronnent les rochers sur lesquels les indigènes échelonnent leurs villages aériens. C'est pour prévenir tout acte d'hostilité qu'on a formellement interdit aux habitants le port des armes, sauf pour quelques rares fusils à pierre.

Les Berbères de Nefoussa, je m'en suis rendu compte partout, vivent de l'espoir de reconquérir la liberté. Grands, vigoureux, agiles, ils s'exercent à l'emploi de leurs mauvaises armes et de leurs couteaux dans des rixes fréquentes et sanglantes. Leur teint basané augmente encore l'aspect farouche de leur visage carré au regard vif. Le soir, pendant d'interminables veillées, ces Berbères du Nefoussa se racontent les prouesses des grands ancêtres, surtout de Rouma, et ces récits sans cesse répétés se terminent par des chants patriotiques et belliqueux.

Djado (district de Fessato) est le centre religieux de ces autochtones qui ont été chrétiens et qui professent un culte musulman spécial, celui des M'zab de l'Algérie, avec lesquels ils sont en relation continuelle. On m'a affirmé que le chef spirituel de cette secte réside dans l'Oman et qu'il jouit d'une influence prépondérante dans le Nefoussa. Le Snoussisme n'a guère de prise sur ces intransigeants qui ne fument ni ne boivent de thé, par crainte de commettre un péché. On n'a pas un seul exemple de mariage entre Arabes et Berbères.

Je savais que Djado et Nalout ont des mosquées berbères dans lesquelles on conserve de précieux manuscrits, écrits en caractères arabes, mais en dialecte *Mazer* (ce nom de mazer est celui par lequel on désigne le langage lybien des habitants de Nefoussa). J'ai tout essayé pour m'en procurer, mais leurs détenteurs se feraient tuer plutôt que de livrer ces reliques sacrées. Aux demandes que je leur adressais, aux grosses promesses que je leur faisais, ils répondaient que ces livres n'existaient pas, ou bien ils m'en apportaient d'insignifiants, c'est-à-dire des « Coran » imprimés, éditions courantes de Constantinople et du Caire. Le cadi El-Barounha, chef religieux actuel de Nalout, descend d'une des plus grandes familles du pays et paraît jouir d'un pouvoir incontesté.

Dans un voyage aussi rapide que le mien, il est bien difficile de se rendre compte par soi-même de l'état des esprits. Cependant une chose m'a paru absolument certaine, c'est qu'à la moindre occasion, les Berbères du Nefoussa se révolteront. Or la guerre de partisans est facile dans le dédale de gorges et de rochers de cette région. Une rébellion générale coûterait beaucoup d'efforts pour l'éteindre. Les Turcs le savent si bien, qu'ils ont imposé à chaque centre habité une garnison très forte. Ainsi, à Djado, le kasr contient 800 soldats d'infanterie.

Les Arabes de l'intérieur, à Gariana, à Mizda, à Orfella, etc., acceptent le fait acquis.

Les impôts donnent lieu à de nombreuses difficultés, provenant de ce que les indigènes sont avares ou pauvres. Et puis, l'importunité de la date choisie pour les lever est un grand mal. Par exemple : l'impôt sur le bétail et les récoltes se lève en février et mars. A ce moment les agneaux ne valent que 5 francs, les pasteurs sont obligés de les vendre à très bas prix pour payer l'impôt, alors que trois ou quatre mois plus tard ils tireraient 20 ou 25 francs de chaque tête. Il en résulte, pour eux, la ruine souvent, la pauvreté toujours.

Il en résulte aussi que les prisons de chaque kasr sont bondées de détenus, au moment de la récolte de l'impôt. Ceux que l'on incarcère ainsi jusqu'à parfait payement doivent être nourris par leur village ou par leur tribu, C'est une charge de plus pour les habitants, au moment où le plus grand nombre de bras serait nécessaire. J'ai vu à Zenzour, à Zavia, à Adjila, à Yffren, à Mizda, à Orfella, à Misrata, presque partout, la prison tellement pleine que les hommes y étaient les uns sur les autres. Or cette année a été particulièrement belle. Qu'est-ce donc lorsque la sécheresse ruine les produits !

Tous les fonctionnaires arabes s'accordent à dire que le code turc est parfaitement rédigé et que les lois sont sages. C'est leur application inopportune qui cause tout le mal.

Une même loi régit les Arabes et les Berbères, mais les impôts se lèvent différemment suivant les tribus. Comme le payement se fait généralement en nature, l'usage change suivant les produits du sol. Dans le Nefoussa, la capitation est basée sur cet axiome qu'un homme vaut un chameau, une vache, 25 brebis ou 50 palmiers.

Le vilayet de Tripoli, commandé par un *vali* ou gouverneur général, se divise en quatre *sandjak* : celui de *Yffren*, celui de *Khoms*, celui de *Morzouk* et celui de *Rhat*. Chacun de ces sandjak est sous les ordres d'un vice-gouverneur ou mouttecarref.

Le sandjak est subdivisé en *kaïmakanats*, dirigés par un préfet, ou *kaïmakan*. Quand cette subdivision n'est pas importante, elle se réduit à un *moudiriat*, sous les ordres d'un sous-préfet ou *moudir*. Le vali et les mouttecarref sont tous Turcs. Une partie des kaïmakan l'est aussi, mais les plus infimes kaïmakanats et les moudiriats ont généralement à leur tête des Arabes nobles qui font fonction de kaïmakan, tout en n'ayant que le grade de moudir. A part quelques exceptions, comme pour l'importante oasis de Zenzour, les moudiriats sont réservés aux Arabes. Il n'existe aucun moudir ni aucun kaïmakan de race berbère (sauf à Rhadamès, mais ces chefs se trouvent alors sous la haute direction d'un Turc).

Le moutteçarref de Khoms a sous ses ordres les kaïmakan de *Seurt*, de *Misrata*, de *Zlitten* et de *Msellata*. Le moutteçarref de Yffren commande aux kaïmakan de *Djado*, de *Nalout*, de *Rhadamès*, ainsi qu'aux moudirs de *Kikla* et de *Mizda*.

Les moutteçarref du Fezzan et de Rhat administrent directement tout leur territoire. Celui de Rhat n'a que des fonctions nominales pour le moment. Créé en 1902, il n'a encore jamais habité ce nouveau poste et réside à Morzouk, à côté de son collègue Fezzanais.

Quant aux subdivisions administratives des environs de Tripoli, elles sont sous la main du gouverneur, ou vali, lui-même. C'est ainsi que les kaïmakan de *Zouara*, de *Abou-Adjila*, de *Zavia*, de *Gariana*, de *Tarhouna* et *Orfella* relèvent de Tripoli, ainsi que les moudir de *Tadjourha*, de *Zenzour* et de *Kasr-Karabouli*.

Le rôle de tous ces fonctionnaires consiste exclusivement à assurer la récolte de l'impôt. A ce titre, ils ont sous leurs ordres directs les garnisons militaires, qui marchent sur leurs réquisitions.

Les divers grades se subdivisent en classes et sont rémunérés comme suit (traitement mensuel) :

Moudir	1re classe	200 francs.
	2e classe	140
Kaïmakan	1re classe	300
	2e classe	250
	3e classe	220
Moutteçarref	1re classe	2,300
	2e classe	2,000
	3e classe	1,600

L'armée turque se compose d'un corps d'occupation, sous les ordres d'un maréchal, ou mouchir, qui commande les deux vilayets de Tripoli et de Ben-Ghazi.

L'effectif comprend deux divisions et demie d'infanterie, une brigade de cavalerie et une brigade d'artillerie, le tout s'élevant à environ 15,000 hommes (Tripoli et Ben-Ghazi).

Les centres militaires et leurs subdivisions sont à peu près les mêmes que ceux de l'ordre administratif.

La garnison centrale de Tripoli fournit une compagnie à Orfella, une autre à Tarhouna, ainsi que des sections à Karabouli, à Zenzour.

Un bataillon, établi à Khoms, détache une compagnie à Msellata. une autre à Zlitten, une troisième à Misrata. La compagnie de Misrata fournit un poste d'une section à Taorgha (Taouargha).

Un bataillon, résidant à Yffren, détache une compagnie à Gariana (qui dépend administrativement de Tripoli), une autre à Mizda, ainsi qu'une section à Kikla.

Un bataillon, à *effectif renforcé*, établi à Djado (Fossato) détache une compagnie à Rhadamès, une autre à Nalout, ainsi qu'une section à Zentan.

Un bataillon, établi à Zouara, détache des sections à Fourva (frontière tunisienne), à Abou-Adjila, à Zavia.

Un bataillon réside à Morzouk, au Fezzan.

Enfin, une compagnie vient d'être établie à Rhat.

Les militaires turcs en Tripolitaine ont les soldes mensuelles suivantes, auxquelles s'ajoute une ration de viande, de pain, de riz et de beurre :

Sous-lieutenant	Solde		50 francs.
	Ration mensuelle.	Viande ..	7 kilogrammes.
		Pain.	60 galettes.
		Riz	4 kilogrammes.
		Beurre...	60 grammes.
Lieutenant.........	Solde		60 francs.
	Ration comme le sous-lieutenant.		
Capitaine	Solde		80 francs.
	Double ration.		
Chef de bataillon...	Solde		200 francs.
	Ration quadruple.		
Lieutenant-colonel..	Solde		300 francs.
	Ration quadruple.		
Colonel...........	Solde		400 francs.
	Ration octuple.		
Général de brigade.	Solde		700 francs.
	Rations spéciales.		
Général de division.	Solde		1,400 francs.
	Rations spéciales.		
Mouchir	Solde		4,000 francs.
	Indemnités de ration.		

Les soldats touchent une ration, comme le sous-lieutenant, et

4 francs par mois ; le caporal, une ration et 6 francs ; le sergent, une ration et 8 francs. L'excédent des rations touchées est généralement vendu aux indigènes par les intéressés.

Pour les communications, il n'existe aucune route, au sens propre du mot, dans toute la Tripolitaine. On n'y trouve que des pistes, que l'on distingue à peine sur le sol : c'est le tracé du chemin suivi par les indigènes pour éviter le plus possible les montées et les descentes d'un point à un autre ; c'est surtout, dans les grands parcours, le tracé sur lequel sont échelonnés les points d'eau.

Le centre, le point de départ des grandes pistes est Tripoli. De là, deux grandes voies se dirigent sur le Fezzan et le Tchad : l'une, par Azazia, Rabta, Zareth et Mizda ; l'autre par Orfella et Sokna.

De Tripoli partent également des pistes pour les divers centres du Nefoussa (Nalout, Djado, Yffren). La route de Djado se continue jusqu'à Rhadamès ; c'est l'échancrure de Djado qui ouvre la voie d'accès sur le plateau dans cette direction. De Nalout, il y a aussi une piste sur Rhadamès, mais elle est beaucoup moins suivie, d'abord à cause de l'insuffisance des points d'eau, ensuite à cause de son insécurité. Tripoli se trouve aussi sur la piste qui suit le littoral depuis la Tunisie jusqu'à Seurt et qui est une des plus fréquentées à cause des oasis.

La crête du plateau tripolitain est suivie par une piste, sur le même tracé que celui où nous avons cru reconnaître l'ancienne route de Tacape à Leptis (Gabès à Khoms) par les hautes terres. De cette piste se détachent des tronçons qui descendent dans la zone déchiquetée pour desservir les kasr turcs et les villages berbères qui y sont perchés. Tels sont les embranchements de Kabao, de Djado, de Zentan et de Yffren, pour ne citer que les principaux. Cette piste du plateau continue vers l'Est pour aboutir à Khoms par Tarhouna et Msellata.

Il existe enfin un tracé assez fréquemment suivi, entre Orfella et Misrata.

L'état des puits est des moins satisfaisant. Ceux qui se trouvent près de régions où les nomades campent habituellement sont encore assez bien entretenus. Mais, dès qu'on pénètre dans les déserts de sable ou pierreux, la plupart des forages n'offrent pas d'eau, surtout par suite d'éboulements.

Dans certains districts, les puits ont une profondeur extraordinaire, surtout dans la partie orientale du vilayet. Ainsi, à Orfella, dans le ouadi Merdoum (ou Beni-Oullid), il faut une corde de 60 mètres pour atteindre l'eau. De même dans le Soffedjin, où la couche humide sous-jacente est souvent à des profondeurs encore plus grandes. Sur le plateau, au Sud de Nefoussa, le travail est beaucoup moins considérable, car on trouve généralement l'eau entre 8 et 15 mètres.

Dans la Djeffara, les conditions sont à peu près les mêmes ; quant à la zone déchiquetée (Nefoussa et Gariana), l'eau courante existe à peu près partout, mais dans le parcours des oasis les microbes s'y développent à foison. Il n'est pas rare de trouver tout un village de fiévreux. Aussi les Turcs font-ils monter leur provision des puits de la Djeffara, travail pénible et coûteux.

Le service postal est assuré en Tripolitaine par des piétons qui emportent le courrier officiel et privé de la capitale dans les chefs-lieux, et *vice versa*. Un porteur de correspondance part une fois par semaine de Tripoli, pour Gariana. De là, il gagne Kikla, Yffren, Zentan, Djado et Nalout, puis il revient. Le trajet doit durer 8 jours pour l'aller et autant pour le retour, mais la tempête (ou la fainéantise du porteur) en augmente souvent la durée.

Un autre courrier relie Tripoli aux centres de la côte, jusqu'à Zouara dans l'Ouest, et jusqu'à Seurt dans l'Est. Enfin, un troisième courrier dessert Tarhouna et Orfella. En dehors de ces points, il n'y a aucune communication régulière : ainsi, la garnison de Mizda reste quelquefois plusieurs mois sans relation avec Tripoli. Ce sont les caravanes qui apportent la correspondance et les provisions : or cette route du Fezzan est peu fréquentée.

Pour le Fezzan et pour Rhadamès, il y a un courrier spécial qui part de Tripoli une fois par mois. Il se rend à Rhadamès en 12 ou 14 jours, par Djado, Rébat, Djouaber, Sinaoun, Louber et Messénine. Son collègue de Morzouk emploie 28 jours à faire le trajet par Orfella et Sokna.

D'assez nombreuses lignes télégraphiques relient Tripoli aux centres de l'intérieur, et la plupart de ces lignes sont déjà fort anciennes de date. Le long du littoral, Tripoli se relie à Zouara, d'un côté, avec bureaux à Zavia et à Abou-Adjila ; à Seurt, de l'autre, avec bureaux à Khoms, à Zlitten, à Misrata.

Dans l'intérieur, une ligne part de Tripoli pour Gariana, d'où elle gagne Nalout, avec bureaux à Yffren et à Djado. Enfin, de Khoms, une ligne se dirige sur Orfella, avec bureau à Tarhouna.

En ce moment, les Turcs construisent une ligne qui reliera Seurt au Fezzan, mais ce travail très coûteux ne sera certainement pas d'un intérêt en rapport avec les sacrifices qu'il exigera. En effet, le Fezzan est relié à la côte par des caravanes dont le trafic est bien infime, et il est impossible qu'il y ait une utilité quelconque à établir des communications rapides.

La végétation de la Tripolitaine proprement dite se réduit à trois zones très minces. D'abord, un chapelet d'oasis sur le littoral, entre Abou-Adjila et Misrata, avec de vastes séparations, surtout entre Zouara et Adjila, entre Tadjourha et Khoms, entre Zlitten et Misrata.

Une seconde ligne de végétation est marquée par la bordure échancrée du grand plateau (Nalout-Gariana). Au bas, des palmiers; en haut, des oliviers et des figuiers; un peu partout, de rares champs d'orge, dont quelques-uns aménagés avec des murs de soutènement sur les pentes.

Enfin, une troisième zone est due aux ouadi orientaux dans leur cours inférieur : ce sont des rubans de plantations d'orge. On rencontre quelquefois le caroubier (dans les ouadi Zemzem et ouadi Merdoum).

Le plateau de Tarhouna produit aussi quelques céréales et l'on trouve des oasis à sa base.

En dehors de ces groupes, de ces zones étroites, c'est à peu près partout le désert de sable ou de pierre. Le sable jaune de la Djeffara, à proximité de la falaise (Raddou, par exemple), se couvre de grêles champs d'orge, quand les pluies ont été assez abondantes : les semeurs habitent généralement les villages des Djebel et ne reviennent à ces champs que pour la récolte. Alors la plaine, dans ces parties-là, se hérisse de campements de 7 à 8 tentes ou cabanes.

Les vestiges d'antiquité que nous avons trouvés prouvent que la colonisation romaine a été plus intense dans la partie orientale du vilayet. Aujourd'hui encore, ce sont les thalwegs du Merdoum et des tributaires du Taorgha qui recèlent le plus de champs d'orge. Mais dans l'espace compris entre ces ouadi on ne traverse que d'affreux déserts de pierres, uniquement peuplés de gazelles.

Quant aux animaux domestiques, ils sont peu nombreux : quelques chevaux dans les oasis et quelques bœufs dans le Djebel. Les troupeaux de brebis et de chèvres abondent davantage, surtout dans le Djebel. Le chameau y est évidemment partout mais plus particulièrement dans le Tarhouna, où il sert au transport de l'alfa vers Tripoli, Khoms et Misrata.

Je me suis limité, dans le présent rapport, aux renseignements que seul je pouvais connaître ou contrôler. Je terminerai cependant par quelques mots sur les écoles européennes de Tripoli, quoique notre éminent consul ait donné de fréquents rapports à ce sujet. Je crois qu'il est bon d'insister sur une institution qui rend les plus grands services à l'influence française et qui mérite d'être secondée.

L'École française des Marianistes, fondée au lendemain de l'occupation de Tunisie, en 1882, continue à prospérer mais non sans difficultés. Ces difficultés proviennent de ce que l'école est sous la dépendance de la mission catholique italienne qui se montre très hostile à la France. Sans l'énergie de notre consul, il y a longtemps que les capucins auraient fait renvoyer les Marianistes français pour les remplacer par des italiens. Le renvoi étant impossible, le préfet se rattrape en favorisant les écoles laïques italiennes que le Gouvernement de Rome entretient à grands frais. L'Italie dépense 80,000 francs par an pour son école laïque tandis que nos Marianistes sont obligés de lui tenir tête avec une vingtaine de mille francs à peine, dont une grande partie donnée par la France.

Je dois signaler le zèle de ces Marianistes à qui l'on impose les choses les plus désagréables, comme, par exemple, de supprimer une partie des classes de français pour les remplacer par des classes d'italien; et que l'on oblige, dans les fêtes scolaires, à faire jouer la comédie en italien à leurs élèves.

L'instruction donnée par ces instituteurs est sensiblement supérieure à celle des classes similaires en Tunisie, puisque l'un des élèves vient récemment d'être jugé apte à suivre les cours de philosophie de Beyrouth. D'autres ont obtenu les meilleures places en passant à l'École italienne. Cet enseignement d'ailleurs est préféré par toutes les familles aisées de Tripoli (Maltais, Grecs, Ottomans). Tout cela, malgré la concurrence acharnée que font les Italiens et le patriarche grec.

Parmi les 184 élèves qui ont fréquenté les cours de l'école française cette année, on compte : 13 Italiens, 107 Maltais, 64 Grecs et

Turcs, répartis en 123 catholiques et orthodoxes ; en 30 israélites et 31 musulmans.

La concurrence italienne s'acharne aussi contre les religieuses françaises qu'elle remplace par des sœurs italiennes à Tripoli, à Khoms, à Benghasi et à Derna.

Aux méritants efforts que font les Marianistes et les sœurs pour maintenir l'influence française par l'étude de notre langue, je dois joindre ici ceux de l'École juive, entretenue par l'Alliance israélite de Paris. J'en parlerai avec plus de détails, parce qu'elle est moins connue.

L'école de garçons, fondée en 1890, compte cette année 200 élèves, répartis en 5 classes.

Le personnel se compose de : 1 directeur (M. Levy), 1 adjoint, 1 professeur d'arabe, 1 professeur d'italien, 2 professeurs d'hébreu, 1 moniteur.

L'école des filles, fondée en 1898, compte 210 élèves, réparties également en 5 classes.

Le personnel se compose de : Mme Levy, directrice ; 1 adjointe ; 2 monitrices ; 1 maîtresse de couture ; 1 professeur d'hébreu.

L'enseignement, dans les deux écoles, se donne en français. Les matières enseignées sont : lecture et grammaire française, arithmétique, géographie, histoire générale, histoire sainte, sciences physiques et naturelles, dessin. L'arabe et l'italien ne sont enseignés que comme langues étrangères.

Les élèves étant en général très pauvres, les écoles israélites françaises nourrissent journellement 80 garçons et 60 filles ; elles donnent des vêtements à 100 garçons et 120 filles.

Une œuvre d'apprentissage est attachée à l'école de garçons, depuis 1890.

A la fin des études, les élèves sont placés chez des particuliers et touchent, de leurs anciens maîtres, une indemnité mensuelle de 6 francs.

Un atelier de lingerie, fondé en 1901, est attaché à l'école des filles.

Le commerce de la Tripolitaine se divise en deux séries d'opérations distinctes :

1° Le commerce régional ;

2° Le commerce transsaharien.

Pour la Tripolitaine proprement dite, le centre de ces deux commerces est à Tripoli.

Les rapports consulaires fournissent chaque année des renseignements aussi étendus que possible sur le commerce régional. Il serait inutile d'en parler ici, bien que je l'ai étudié soigneusement, sur la demande de plusieurs chambres de commerce françaises.

Quant au commerce transsaharien, s'il est connu dans ses caractères principaux, il subit des variations dont il est bon de mettre au courant les intéressés. Aussi pensai-je devoir donner ici les documents que j'ai recueillis, cette année même, de première main, dans l'intérieur du vilayet, où j'ai rencontré et fréquenté plusieurs caravaniers.

Ce qu'il y a de plus intéressant à connaître, dans les opérations d'une caravane, c'est :

1° Les étapes de la route suivie, tant à l'aller qu'au retour, parce que cette liste permet de constater les changements survenus dans les points d'eau ;

2° Les marchandises européennes emportées au Soudan et les produits rapportés ensuite à la côte, parce qu'on y trouve des variations de qualité et de prix, qui servent d'indication précieuse à nos commerçants ;

3° Enfin, les péripéties de la route, parce qu'elles fixent les idées sur la sécurité actuelle de la région à traverser.

A tous égards, les détails fournis par la caravane, dont je vais exposer le bilan, me paraissent les plus intéressants à donner dans ce rapport.

CARAVANE DU CHEF MOKTAR BEN ZEGLAM.

(ARABE DE TRIPOLI.)

Partie de Tripoli, en décembre 1899, par Rhat et l'Aïr pour Zinder et Kano. Revenue à Tripoli, en janvier 1903, par le même chemin.

ALLER.

De Tripoli à Rhat	50 jours.
Rhat (arrêt)	30
De Rhat à l'Aïr	45
Aïr (arrêt pour de nouveaux chameaux)	270
De l'Aïr à Zinder	20

Zinder (arrêt)................................... 4 jours
De Zinder à Kano................................ 7
Kano (séjour).................................... 730

Dans l'Aïr la caravane a été attaquée par les Touareg, mais elle s'est défendue victorieusement, grâce aux 40 fusils Martiny dont elle était armée. Elle a perdu 10 chameaux, mais pas un seul homme, tandis que les Touareg ont eu un bon nombre de tués.

L'arrêt dans cette région a été motivé par l'impossibilité de trouver de nouveaux chameaux, les anciens devant revenir sur leurs pas, selon les traités passés avec les chameliers tripolitains.

A Zinder, la caravane s'est arrêtée pour vendre aux troupes françaises des mouchoirs et du sucre. Chaque chameau a été taxé 3 francs par le sultan de Zinder.

Depuis Rhat, cette caravane n'était plus seule. En ce point d'abord, elle avait été ralliée par 15 autres caravanes tripolitaines se dirigeant des divers passages du Djebel Nefoussa vers la même destination. Dix autres caravanes se sont jointes encore dans l'Aïr, portant ainsi le chiffre total des chameaux à 30,000 (?). Les caravanes se concentrant des diverses régions de l'Aïr sont beaucoup plus considérables que les autres parce qu'elles portent une grande quantité de sel saharien au Soudan.

Les marchandises européennes exportées au Soudan par la caravane de Moktar ben Zeglam étaient les suivantes, réparties sur 40 chameaux, chargés de 175 kilogrammes :

Soie de Lyon (2,000 kilogr.), soie rouge, surtout; un peu de soie verte, achetée à Tripoli 80 francs les 50 kilogrammes, revendue 200 francs;

Pains de sucre de Marseille (3,000 kilogr.); achetés 22 francs les 50 kilogrammes, revendus 66 francs;

Papier jaune d'emballage (de Marseille, Trieste et Italie) [200 rames]; acheté 4 francs 50 la rame, revendu 9 francs;

Cotonnades anglaises, de 24 à 30 yards (600 pièces), achetées 0 fr. 15 à 0 fr. 25 le yard, revendues de 8 à 16 francs la pièce;

Mouchoirs de toutes couleurs, en coton anglais (200 douzaines), achetés 1 fr. 50 la douzaine, revendus 4 fr. 40;

Indiennes de toutes couleurs, anglaises (40 pièces de 15 à 20 yards), achetées de 0 fr. 10 à 0 fr. 20 le yard, revendues de 6 à 12 francs la pièce;

Droguerie : curcuma (drogue jaune servant de piment); essences. Clous de girofle, fleurs de myrtes, poivre; thé; acheté 3 à 4 francs l'*oc* (1 kil. 250 gr.); revendu 4 à 5 francs le rotolo (500 gr.); un peu de café;

Enfin des draps d'Autriche, rouges, bleus, verts, jaunes, pour confection des burnous (100 burnous); acheté 12 francs le burnous, revendu de 20 à 30 francs;

Très peu de verroterie (petites glaces).

Prix total des achats à Tripoli : 33,200 francs.

RETOUR.

La caravane s'est reformée à Kano avec 20 chameaux qui arrivaient récemment du Nord avec de nouvelles caravanes.

	jours.		jours.
De Kano à Zinder	8	De Chiguéri à Ghanet	5
Zinder (arrêt)	30	Ghanet (arrêt)	2
De Zinder à Damergou	5	De Ghanet à Assakoua	3
Damergou (arrêt)	8	Assakoua (arrêt)	1
De Damergou à Gamerou	1	De Assakoua à Rhat	4
De Gamerou à Frak	1	Rhat (arrêt)	60
Frak (arrêt)	3	De Rhat à Tzénoff	1
De Frak à Erjek	1	De Tzénoff à Touella	2
De Erjek à El Gaouen	4	De Touella à Aouénat	1
De El Gaouen à Tourayet	1	De Aouénat-Sud à El-Hessi	12
De Tourayet à Lara	3	El-Hessi (arrêt)	1
Lara (arrêt)	1	De El-Hessi à Aouénat-Nord	1
De Lara à Blad Ajmoura	5	De Aouénat-nord à Tabounia	8
Ajmoura (arrêt)	20	De Tabounia à Togba	1
De Ajmoura à Nazoua	5	De Togba à Mizda	5
Nazoua (arrêt)	1	Mizda (arrêt)	1
De Nazoua à Tadent	6	De Mizda à Zareth	3
Tadent (arrêt)	2	De Zareth à Rabta	1
De Tadent à Chiguéri	5	De Rabta à Azazia	2
Chiguéri (arrêt)	2	De Azazia à Zenzour (Tripoli)	1

La caravane a donc employé dix mois à franchir l'espace entre Kano et Tripoli. Dans d'autres circonstances, où il n'était pas encombré, le même chef de ce convoi n'a mis que 19 jours de Kano à l'Aïr, 40 jours de l'Aïr à Rhat, et 40 jours de Rhat à Tripoli, c'est-à-dire qu'il est allé trois fois plus vite.

Voici quelques remarques sur certains des points précités.

Zinder. La caravane s'est augmentée en ce point de onze autres groupes tripolitains et dix groupes Rhadamésiens, à peu près semblables, qui se réunissaient en forte bande pour assurer leur sécurité. Une escorte de troupes françaises (de Zinder), composée d'une compagnie de tirailleurs sénégalais et de tous ses officiers, a escorté ces chameaux jusqu'à la frontière de l'Aïr, c'est-à-dire jusqu'à Tourayet. De là, les caravanes ont pu se tirer d'affaire avec 60 fusils, dont 10 à cartouches.

Frak. En ce point, attaque nocturne des Touareg; sans conséquences. C'est à Frak qu'une grande caravane tripolitaine a été entièrement massacrée, il y a deux ans.

Erjek. De Erjek à El Gaouer, on traverse un désert aride, sans le moindre puits.

Tourayet. De Tourayet, plusieurs routes, ou postes, divergent dans l'Aïr, sur Bagzom, sur Yemfesset et sur l'oasis de Ghassar.

Lara. Nombreuses oasis.

Ajmoura. Oasis fertile.

Ghanet. Officiellement, poste turc. Mais pas de garnison. Les autorités sont Touareg.

Rhat. L'arrêt a eu lieu pour y vendre quelques-uns des produits rapportés du Soudan. Garnison turque.

Touella. Ce n'est qu'un puits.

Aouénat-Sud. Embranchement sur le Fezzan. De Aouénat à El-Hessi, c'est un désert affreux.

Aouenat Nord. De ce point à Tabounia, nouveau désert. Huit jours sans eau. C'est la partie la plus difficile de la route.

Rabta. C'est un léger détour vers l'Ouest, pour éviter la descente pénible et dangereuse de Gariana.

Les marchandises rapportées du Soudan ont été :

Plumes d'autruche (1,100 kilogr.). La qualité inférieure, achetée 30 francs le kilogramme, a été revendue 40 francs, c'est-à-dire au prix très faible du moment. La qualité supérieure, achetée de 120 à 150 francs le kilogramme, a été revendue 400 francs le kilogramme. Les prix de vente au Soudan varient suivant les prix d'achat à Tripoli;

Peaux tannées, de chèvres, pour New-York. Rouges et jaunes. Marchandise bien plus avantageuse que la plume, qui d'ailleurs diminue rapidement; cette marchandise occupera bientôt exclusivement les caravaniers, au retour. Moktar en a rapporté 600 charges, formant un total de 7,200 kilogrammes. Les peaux, achetées de 4 à 5 francs la demi-douzaine, ont été revendues 5 fr. 50 le kilogramme. (Échantillons qui méritent d'être proposés en France.)

Ivoire. Il y en a très peu en ce moment parce que les Anglais ont entrepris de l'exporter par le Niger. Ces mêmes Anglais n'accaparent pas les plumes parce qu'ils leur préfèrent celles du Cap; ni les peaux, parce qu'ils en trouvent dans leurs territoires du Niger. L'ivoire s'achète actuellement 500 francs les 50 kilogrammes (qualité supérieure) et se revend de 600 à 800 francs à Tripoli. Tout cet ivoire va en Angleterre. [En décembre 1902, un négociant français de Tripoli, M. Vadala, a fait une première importation à Paris de l'ivoire du Ouadaï, par Ben-Ghazi, et elle a fort bien réussi].

Quant au coton, qui abonde dans toute cette région du Soudan, on ne peut songer à l'exporter, parce que le transit reviendrait trop cher.

L'avis de tous les caravaniers est que le trafic transsaharien est susceptible de beaucoup augmenter, si les routes deviennent sûres et ils affirment que la France pourrait imposer cette sécurité à bon compte, en créant quelques postes, surtout entre l'Aïr et Rhat. Ces caravaniers croient savoir que les Français de Zinder vont fonder trois postes (de 100 hommes) à Agadès, Odres (?) et Ghassar.

L'autre route transsaharienne, celle qui aboutit au Bornou par le Kanem, n'est pas plus sûre. Les caravaniers voudraient y voir des postes militaires à Mechrou, à Ouar, à Lahmar, à Zaya et à Yougba, qui sont des points éloignés de 3 jours les uns des autres.

Les étapes de cette route du Bornou sont, en partant de Tripoli :

Ghariana, Ticha, Ras-Zaben, Zemzem (près Ghirza), Tidjmel, Bey, Methel, Ghenaria, Chiali, Sabaa, Ghedoua, Dlem, Morzouck (Fezzan). — De Tripoli au Fezzan : 25 à 26 jours.

El-En, El Gleb, El Mafen, Mastouta, Edeker, Gatroun, Bahi; Madrousa, Djeri, Mekrou. — De En à Mekrou : 10 jours.

Yougba, Anai, Ghassar, Blad Sultan, Blad Manayadam, Derkou, Kenamma Bilma. — De Mekrou à Bilma : 18 jours.

El Zaou, Debla, Agdem, Bikachiafari, Touat, Bir-El-Mam, Eghighem, Barou, Yaou. — De Bilma à Bornou : 30 jours.

Avec ces renseignements, se terminent les rapports supplémentaires que j'ai l'honneur de vous soumettre, Monsieur le Ministre, en même temps que le rapport archéologique dont vous m'avez chargé.

Daignez agréer, Monsieur le Ministre, l'hommage de mon profond respect.

H. Méhier de Mathuisieulx.

1

2

1

2

1

2

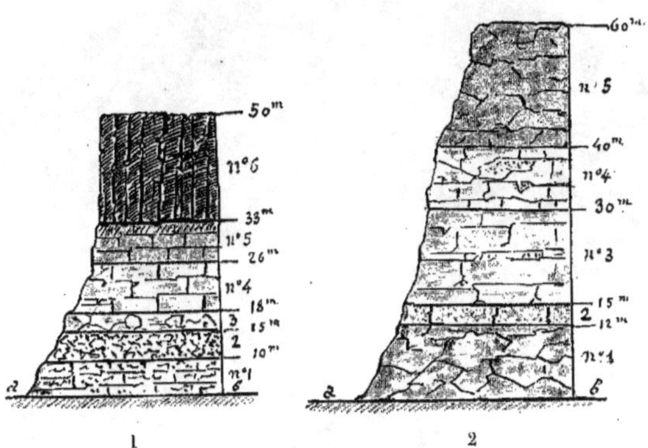
50m
n°6
33m
n°5
26m
n°4
18m
3
15m
2
10m
n°1
a
b
60m
n°5
40m
n°4
30m
n°3
15m
2
12m
n°1
a
b

1 2

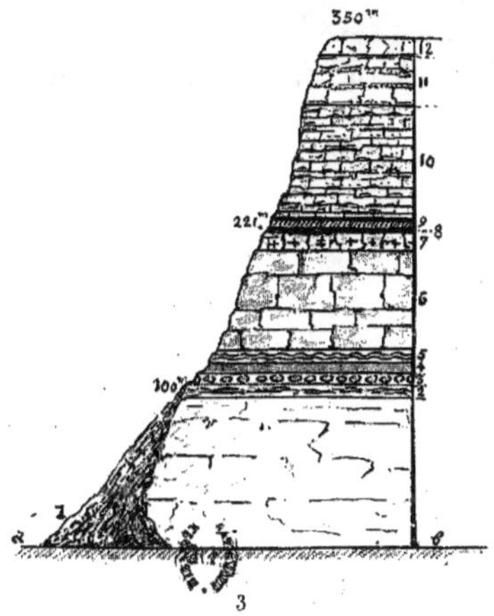
350m
12
11
10
221m
9
8
7
6
5
100m
a
b

3

MAUSOLÉE DE GHIRZA

Hélioog. L. Schutzenberger

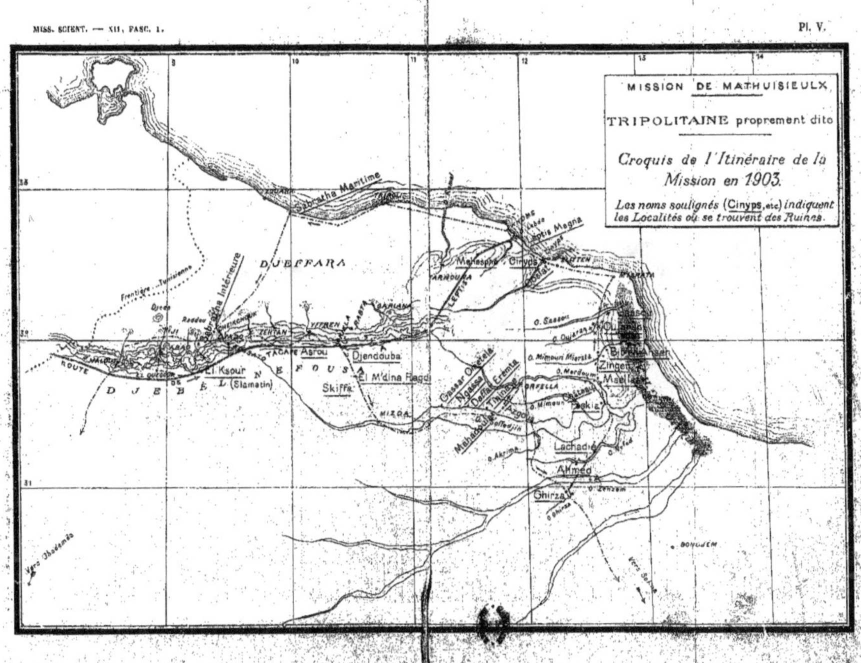
MISSION DE MATHUISIEULX
TRIPOLITAINE proprement dito
Croquis de l'Itinéraire de la Mission en 1903.
Les noms soulignés (Cinyps, etc) indiquent les Localités où se trouvent des Ruines.
DJEFFARA
DJEBEL NEFOUSA
Sabrathe Maritime
Leptis Magna
Cinyps
Djendouba
El M'dina Ragdi
Skiffa
El Ksour
(Slamatin)
Asrou
Lachadié
Ahmed
Ghirza
Frontière Tunisienne
ROUTE
MIZDA
ORFELLA
GARIANA
YFFREN
ZENTAN
TARHOUNA
Vers Ghadamès
Vers Sokna
BONDJEM

A B C D E F G

0 10 20 30 40 50 M

1

0 5 M.

2

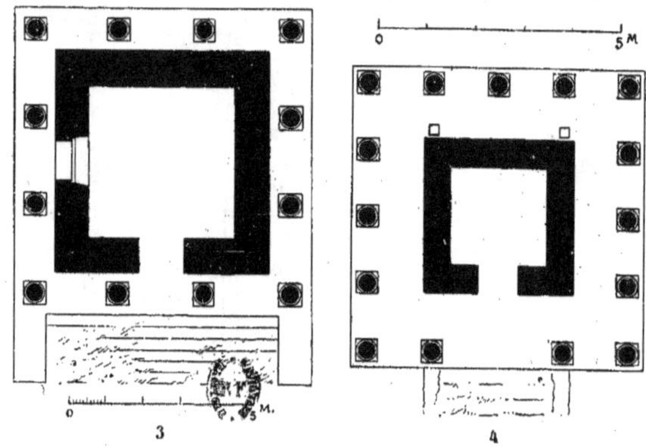

3

4

1

2

1

2

1

2

3

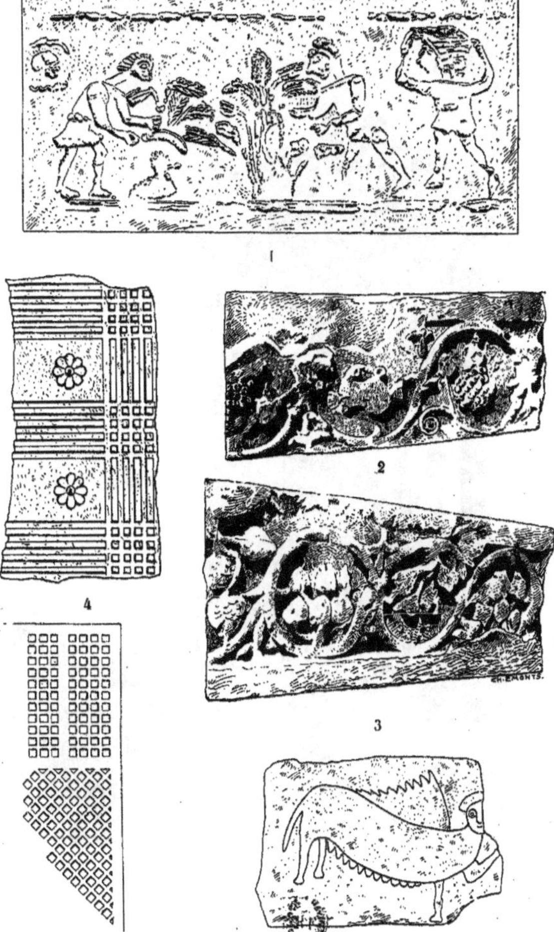
1
2
3
4
5
6

1

2

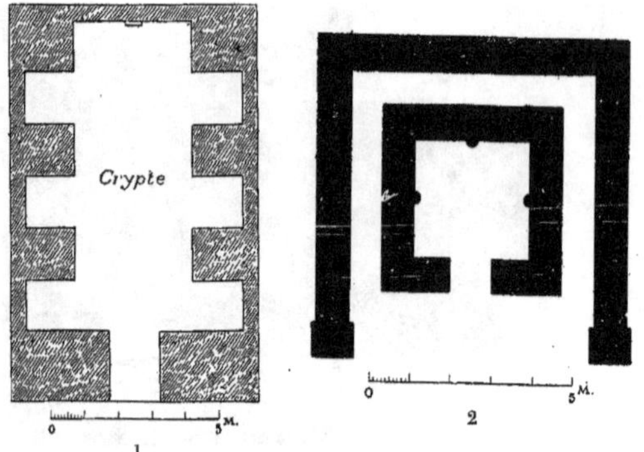

3

Pl. XVII.

1

2

www.ingramcontent.com/pod-product-compliance
Lightning Source LLC
La Vergne TN
LVHW020403230826
846091LV00003B/1126

* 9 7 8 2 0 1 3 4 2 9 2 7 6 *